Mythenring

Gedichte
und Gedanken

Franky Körber
auf den Pfaden des Talisien
© 2025

© 2025 Franky Körber
Verlag: BoD · Books on Demand GmbH,
Überseering 33, 22297 Hamburg,
bod@bod.de
Druck: Libri Plureos GmbH,
Friedensallee 273, 22763 Hamburg

ISBN: 978-3-8192-2613-7

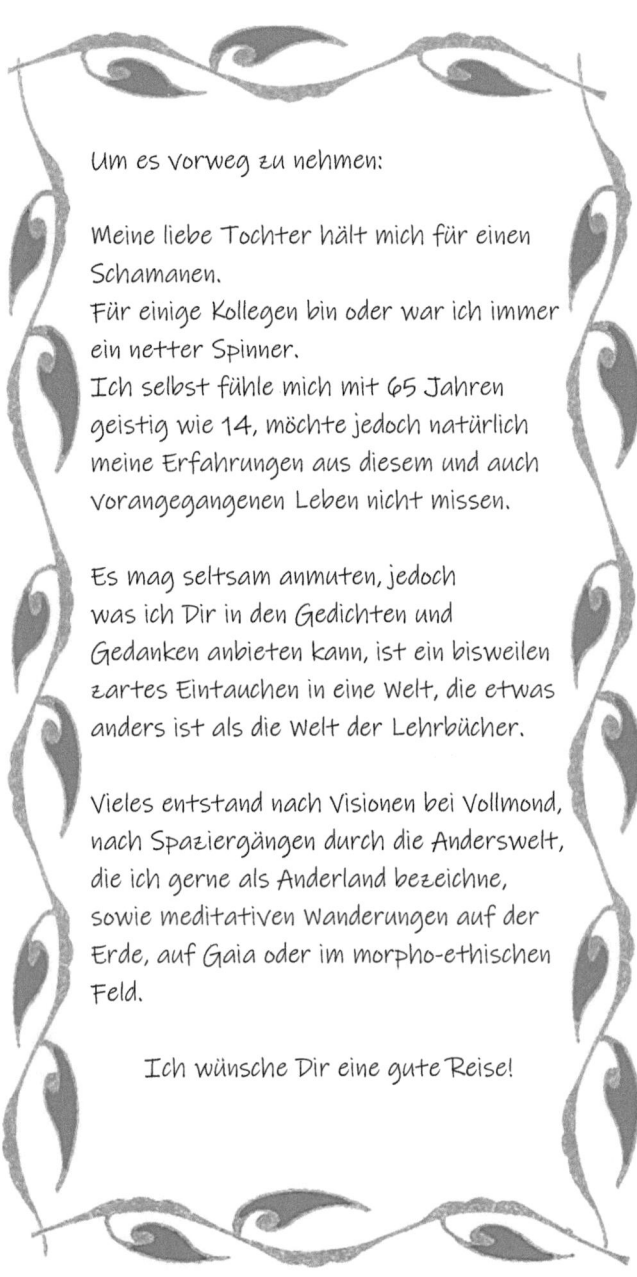

Um es vorweg zu nehmen:

Meine liebe Tochter hält mich für einen
Schamanen.
Für einige Kollegen bin oder war ich immer
ein netter Spinner.
Ich selbst fühle mich mit 65 Jahren
geistig wie 14, möchte jedoch natürlich
meine Erfahrungen aus diesem und auch
vorangegangenen Leben nicht missen.

Es mag seltsam anmuten, jedoch
was ich Dir in den Gedichten und
Gedanken anbieten kann, ist ein bisweilen
zartes Eintauchen in eine Welt, die etwas
anders ist als die Welt der Lehrbücher.

Vieles entstand nach Visionen bei Vollmond,
nach Spaziergängen durch die Anderswelt,
die ich gerne als Anderland bezeichne,
sowie meditativen Wanderungen auf der
Erde, auf Gaia oder im morpho-ethischen
Feld.

Ich wünsche Dir eine gute Reise!

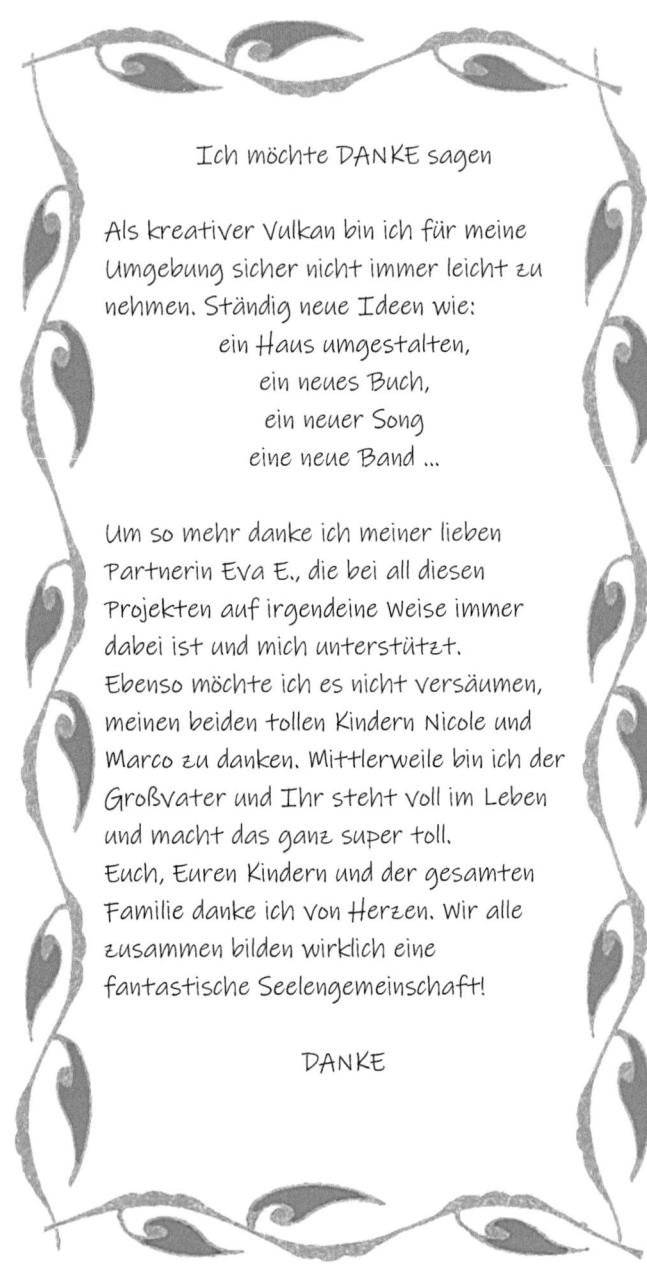

Ich möchte DANKE sagen

Als kreativer Vulkan bin ich für meine
Umgebung sicher nicht immer leicht zu
nehmen. Ständig neue Ideen wie:
ein Haus umgestalten,
ein neues Buch,
ein neuer Song
eine neue Band ...

Um so mehr danke ich meiner lieben
Partnerin Eva E., die bei all diesen
Projekten auf irgendeine Weise immer
dabei ist und mich unterstützt.
Ebenso möchte ich es nicht versäumen,
meinen beiden tollen Kindern Nicole und
Marco zu danken. Mittlerweile bin ich der
Großvater und Ihr steht voll im Leben
und macht das ganz super toll.
Euch, Euren Kindern und der gesamten
Familie danke ich von Herzen. Wir alle
zusammen bilden wirklich eine
fantastische Seelengemeinschaft!

DANKE

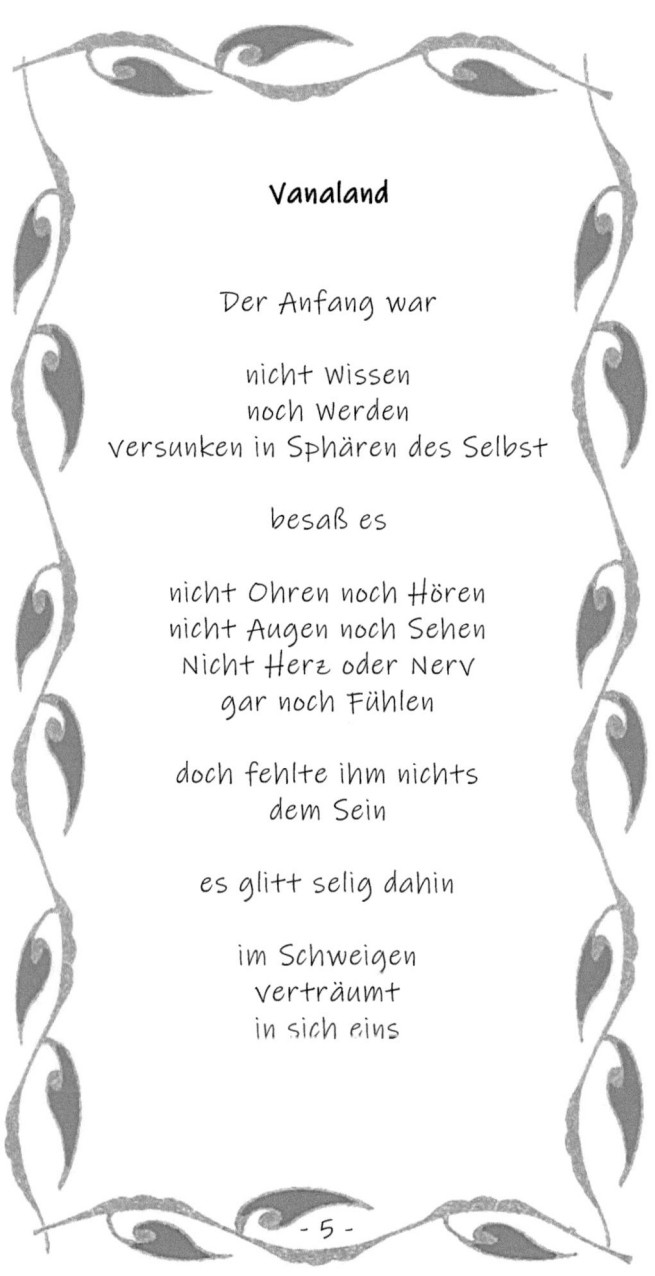

Vanaland

Der Anfang war

nicht Wissen
noch Werden
versunken in Sphären des Selbst

besaß es

nicht Ohren noch Hören
nicht Augen noch Sehen
Nicht Herz oder Nerv
gar noch Fühlen

doch fehlte ihm nichts
dem Sein

es glitt selig dahin

im Schweigen
verträumt
in sich eins

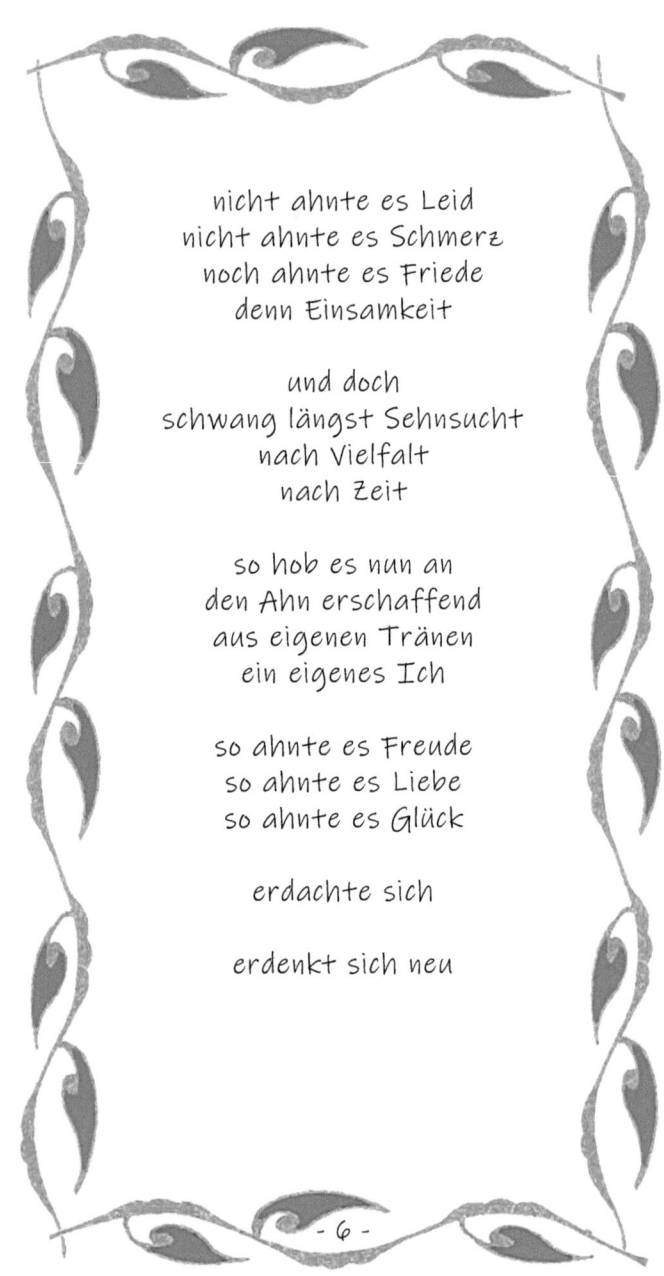

nicht ahnte es Leid
nicht ahnte es Schmerz
noch ahnte es Friede
denn Einsamkeit

und doch
schwang längst Sehnsucht
nach Vielfalt
nach Zeit

so hob es nun an
den Ahn erschaffend
aus eigenen Tränen
ein eigenes Ich

so ahnte es Freude
so ahnte es Liebe
so ahnte es Glück

erdachte sich

erdenkt sich neu

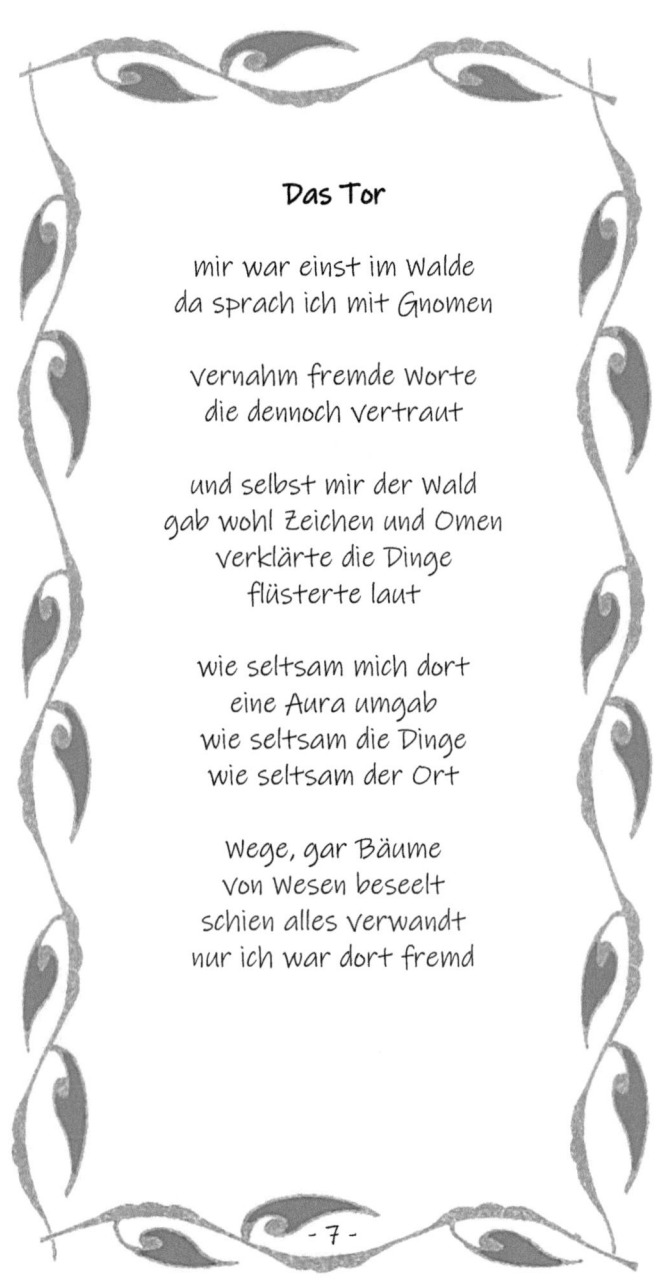

Das Tor

mir war einst im Walde
da sprach ich mit Gnomen

vernahm fremde Worte
die dennoch vertraut

und selbst mir der Wald
gab wohl Zeichen und Omen
verklärte die Dinge
flüsterte laut

wie seltsam mich dort
eine Aura umgab
wie seltsam die Dinge
wie seltsam der Ort

Wege, gar Bäume
Von Wesen beseelt
schien alles verwandt
nur ich war dort fremd

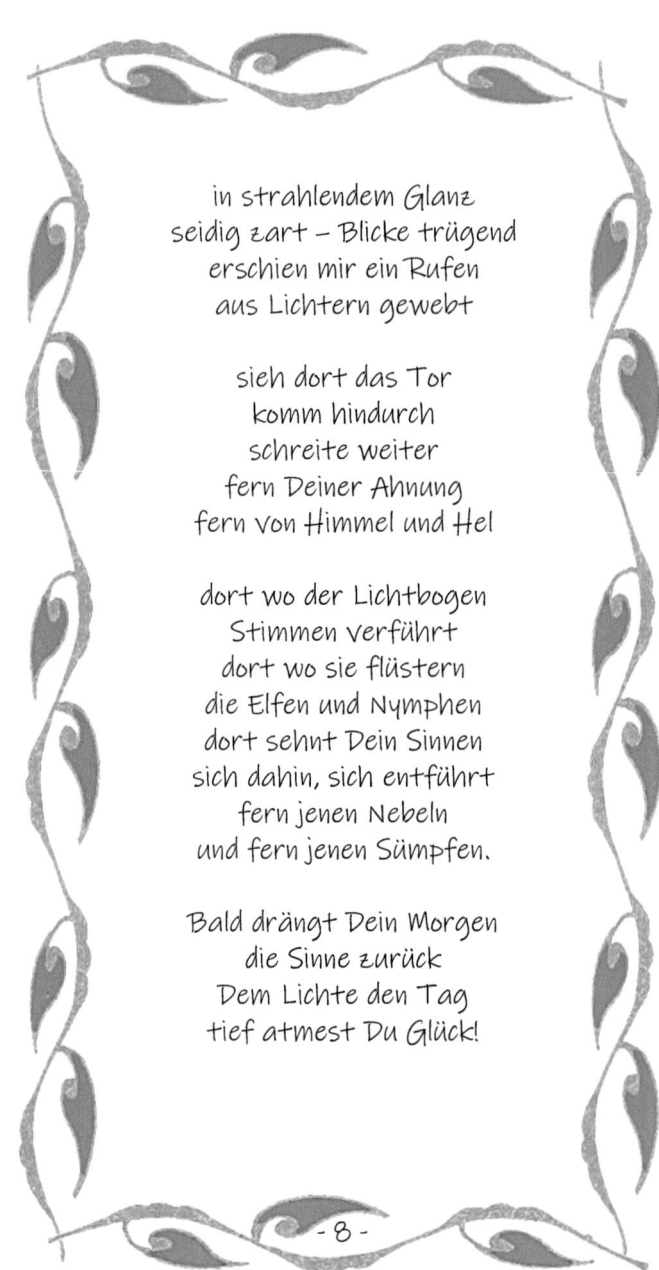

in strahlendem Glanz
seidig zart – Blicke trügend
erschien mir ein Rufen
aus Lichtern gewebt

sieh dort das Tor
komm hindurch
schreite weiter
fern Deiner Ahnung
fern von Himmel und Hel

dort wo der Lichtbogen
Stimmen verführt
dort wo sie flüstern
die Elfen und Nymphen
dort sehnt Dein Sinnen
sich dahin, sich entführt
fern jenen Nebeln
und fern jenen Sümpfen.

Bald drängt Dein Morgen
die Sinne zurück
Dem Lichte den Tag
tief atmest Du Glück!

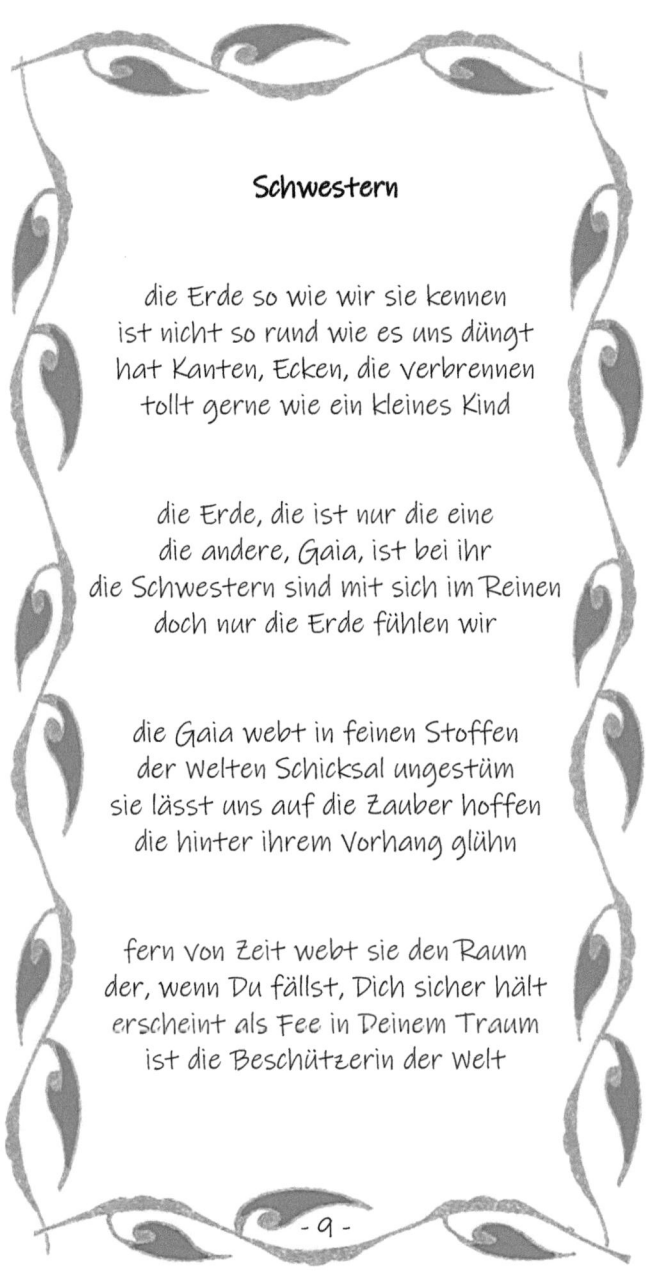

Schwestern

die Erde so wie wir sie kennen
ist nicht so rund wie es uns düngt
hat Kanten, Ecken, die verbrennen
tollt gerne wie ein kleines Kind

die Erde, die ist nur die eine
die andere, Gaia, ist bei ihr
die Schwestern sind mit sich im Reinen
doch nur die Erde fühlen wir

die Gaia webt in feinen Stoffen
der Welten Schicksal ungestüm
sie lässt uns auf die Zauber hoffen
die hinter ihrem Vorhang glühn

fern von Zeit webt sie den Raum
der, wenn Du fällst, Dich sicher hält
erscheint als Fee in Deinem Traum
ist die Beschützerin der Welt

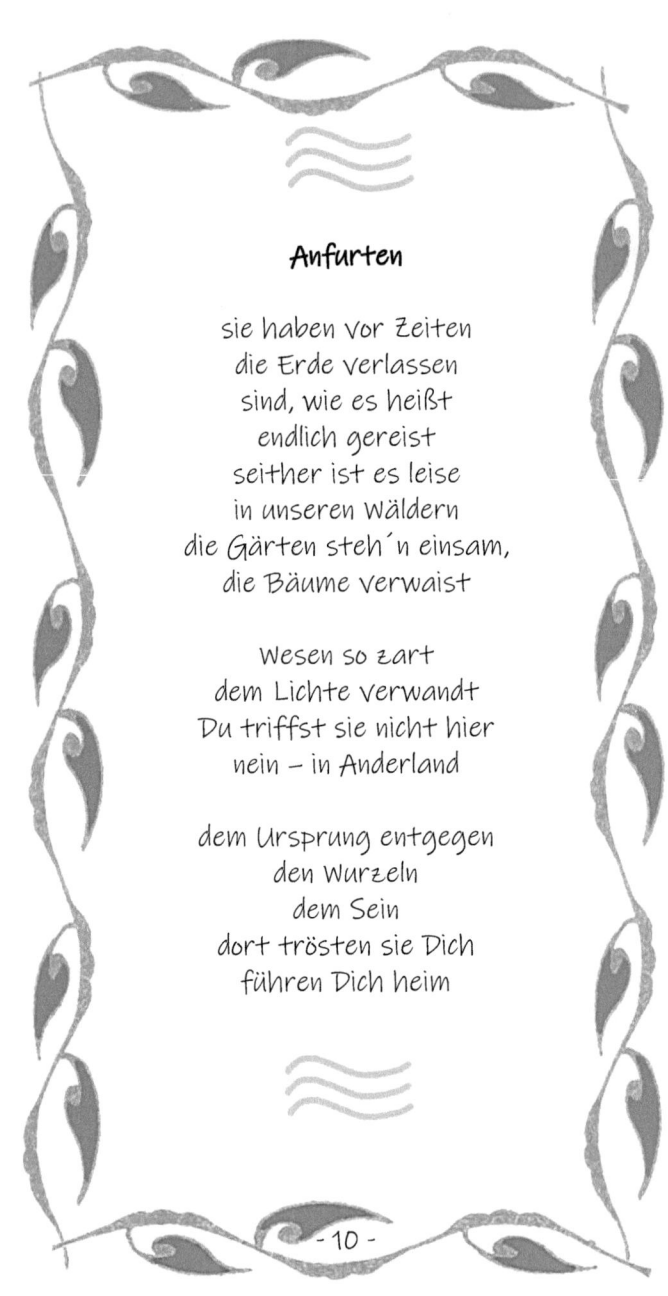

Anfurten

sie haben vor Zeiten
die Erde verlassen
sind, wie es heißt
endlich gereist
seither ist es leise
in unseren Wäldern
die Gärten steh´n einsam,
die Bäume verwaist

Wesen so zart
dem Lichte verwandt
Du triffst sie nicht hier
nein – in Anderland

dem Ursprung entgegen
den Wurzeln
dem Sein
dort trösten sie Dich
führen Dich heim

Musenfluss

Land soweit das hören reicht
leicht und luftig, frech und fein
Klänge, nein Gerüche, Düfte
schmiegen sich
wiegen sich
schwingen ungestüm herbei
saftig zart melodisch weich

von der Quelle klingt es zart
doch bald schon
entrinnt ein Bach dem Teich
als eine Dur
und doch im Mollgewand gewoben
schleicht sie heran
tastend sinnend
brausend rinnend
trudelt in den Quint
Besinnungsschwindelnd

schon erhebt – erzittert
webt und bebt
sie Wolkengleich empor

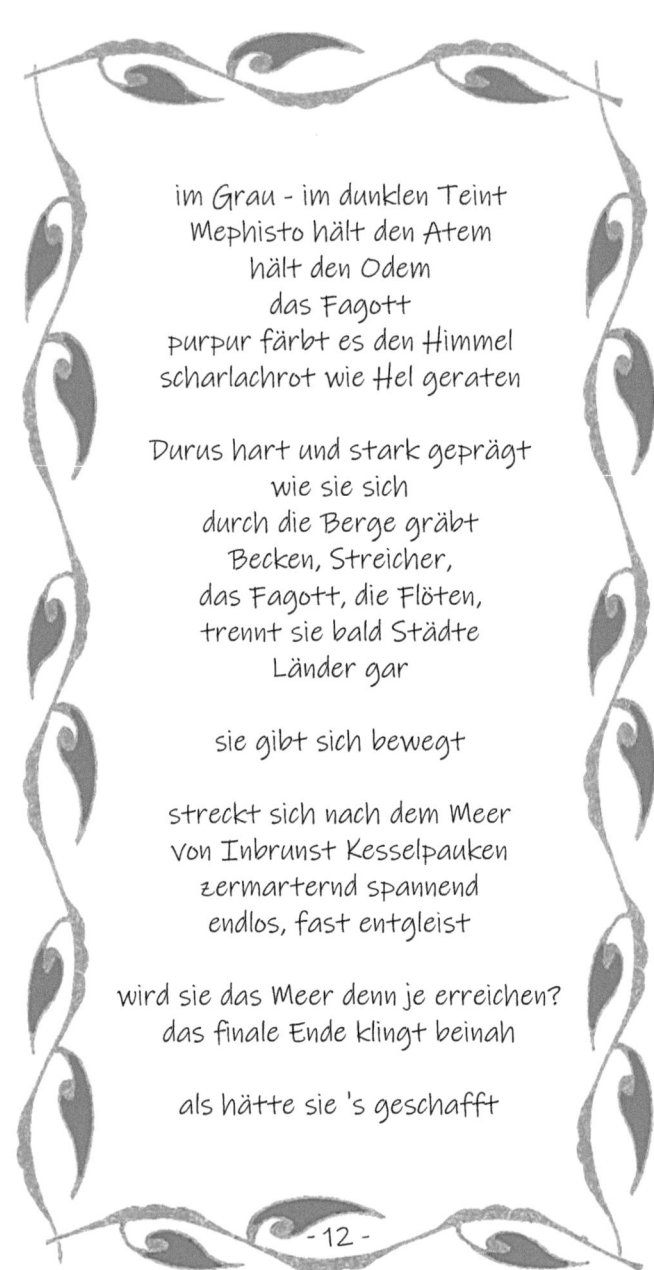

im Grau - im dunklen Teint
Mephisto hält den Atem
hält den Odem
das Fagott
purpur färbt es den Himmel
scharlachrot wie Hel geraten

Durus hart und stark geprägt
wie sie sich
durch die Berge gräbt
Becken, Streicher,
das Fagott, die Flöten,
trennt sie bald Städte
Länder gar

sie gibt sich bewegt

streckt sich nach dem Meer
von Inbrunst Kesselpauken
zermarternd spannend
endlos, fast entgleist

wird sie das Meer denn je erreichen?
das finale Ende klingt beinah

als hätte sie 's geschafft

Nebelland

es tönen Hörner, dumpf und fahl
lastend auf Seele und Geist
ein Albdruck für jene
aus Wut und Stahl
dass es sie in Abgründe reißt

sie warnen die Fremden
in drohendem Klang
durch andere Länder zu ziehen
doch laden sie ein
mit sanftem Gesang
wem Freude und Anmut verliehen

sie singen vom Kampfe
von seelhaften Taten
laut, fast mit sprechendem Bilde
sie tanzen im Nebel
wer hat sie verraten
dem Nebel zu Waffe und Schilde
so laden sie ein
die Du Einlass begehrst
die Hörner sie tönen, sie warten
tritt ein in das Reich
in die fein-leichte Welt
zu träumen den liebenden Garten

Der Brunnen

ganz in der Nähe liegt jener Ort
den sie „Brunnen der Nornen" nannten

Ewiges Schweigen schien er längst fort
schien im Vergessen der Welt versandet

verlor an Bedeutung wie Hel und Wallhall
doch trocken fiel der Brunnen nie

Wallhall weit entfernt, Hel ist verbannt
den Nornen jedoch blieb die Sympathie

der Brunnen liegt hier
an nahen Gestaden
zu unseren Füßen, mit Sinnen erfühlt

ein Tempel im Fels tief unten verborgen
dort werden unsere Seelen umspült

Wir waren, wir sind, wir werden sein
lauten die Bilder, lautet das Licht

Tief in der Erde im Schicksal geboren
öffnen die Sinne der Seele Sicht

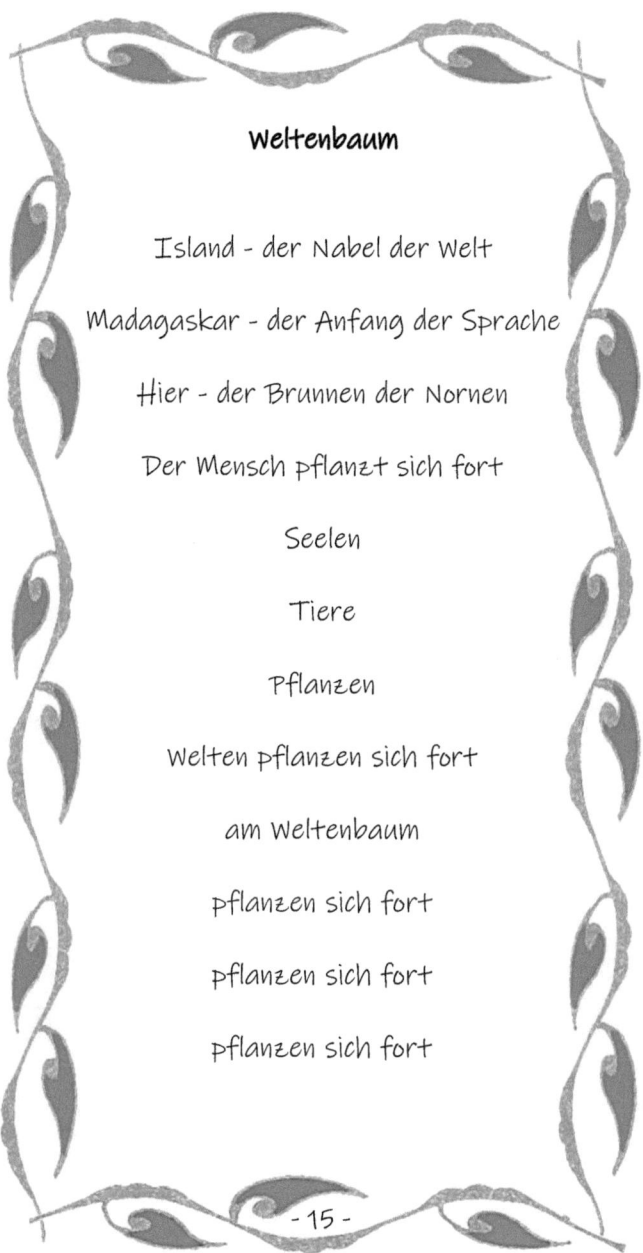

Weltenbaum

Island - der Nabel der Welt

Madagaskar - der Anfang der Sprache

Hier - der Brunnen der Nornen

Der Mensch pflanzt sich fort

Seelen

Tiere

Pflanzen

Welten pflanzen sich fort

am Weltenbaum

pflanzen sich fort

pflanzen sich fort

pflanzen sich fort

Die Nornen

Einst woben sie
die Geschicke der Welten
Von Pflanzen und Steinen,
Menschen, Getier
Den Sternenstaub
sich sinnend entfaltend
Schicksalsodem-Elixier
für Vanen und Asen
und selbst Mittenerde
Sie knüpften die Bande
auf lange Zeit
Urd und die junge Werdandi
sie waren die Schwestern
der Ewigkeit
das Bündnis zerfiel
sie gingen verloren
ihr Sinnen und Sehnen
wankte nur kurz
doch waren aufs Neue
sie wiedergeboren
zu lenken die Welten
nach jenem Sturz
zu streicheln den einen
der einst sie verdammte
der jung - noch so jung
fast schon müde geborn
den Platz er nicht räumte
nun sind sie Verwandte
zu Schwestern und Bruder auserkorn

Der Hain

über ein Jahr tanzten die Keimlinge
zwischen den Sträuchern
plapperten ausgelassen
erfreuten sich
des feuchten Sommers
des milden Winters
der Natur

über ein Jahr
erblühten ihre Sinne
schwangen sie erwartungsvolle Samen
hielten den Atem an
bei den Geschichten
der wenigen Alten
um die alte Welt

über ein Jahr
wuchs die Brut
aus der Glut
die erloschen

neues Leben

Hej Du,

ja DieDer Du dies gerade liest,

es ist super schön,

dass Du hier bist

und überhaupt

ist es super schön,

dass es Dich gibt

Ich wünsche Dir

eine

wundervolle

sonnige

selige

Zeit!

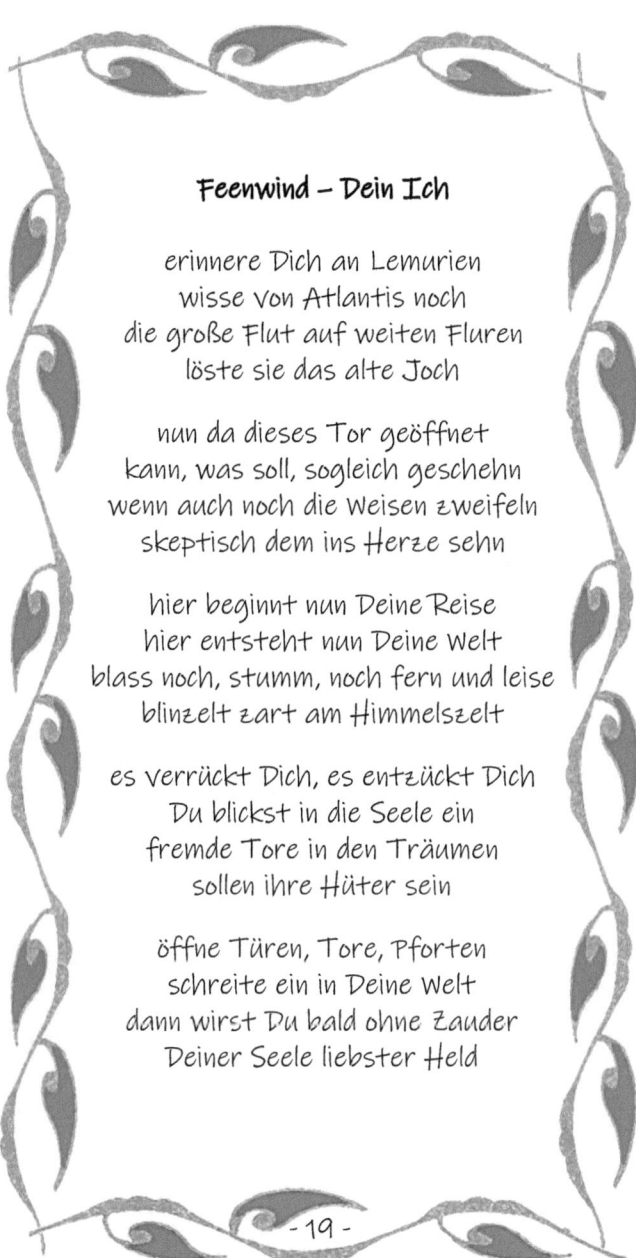

Feenwind – Dein Ich

erinnere Dich an Lemurien
wisse von Atlantis noch
die große Flut auf weiten Fluren
löste sie das alte Joch

nun da dieses Tor geöffnet
kann, was soll, sogleich geschehn
wenn auch noch die Weisen zweifeln
skeptisch dem ins Herze sehn

hier beginnt nun Deine Reise
hier entsteht nun Deine Welt
blass noch, stumm, noch fern und leise
blinzelt zart am Himmelszelt

es verrückt Dich, es entzückt Dich
Du blickst in die Seele ein
fremde Tore in den Träumen
sollen ihre Hüter sein

öffne Türen, Tore, Pforten
schreite ein in Deine Welt
dann wirst Du bald ohne Zauder
Deiner Seele liebster Held

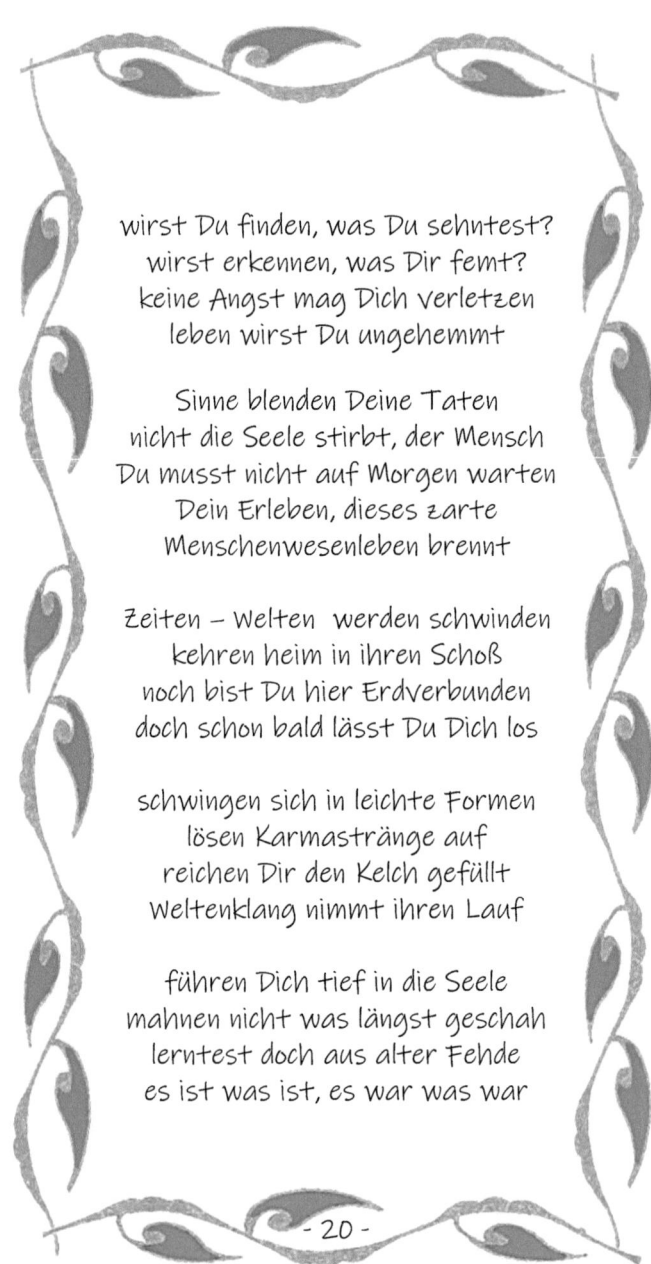

wirst Du finden, was Du sehntest?
wirst erkennen, was Dir femt?
keine Angst mag Dich verletzen
leben wirst Du ungehemmt

Sinne blenden Deine Taten
nicht die Seele stirbt, der Mensch
Du musst nicht auf Morgen warten
Dein Erleben, dieses zarte
Menschenwesenleben brennt

Zeiten – Welten werden schwinden
kehren heim in ihren Schoß
noch bist Du hier Erdverbunden
doch schon bald lässt Du Dich los

schwingen sich in leichte Formen
lösen Karmastränge auf
reichen Dir den Kelch gefüllt
Weltenklang nimmt ihren Lauf

führen Dich tief in die Seele
mahnen nicht was längst geschah
lerntest doch aus alter Fehde
es ist was ist, es war was war

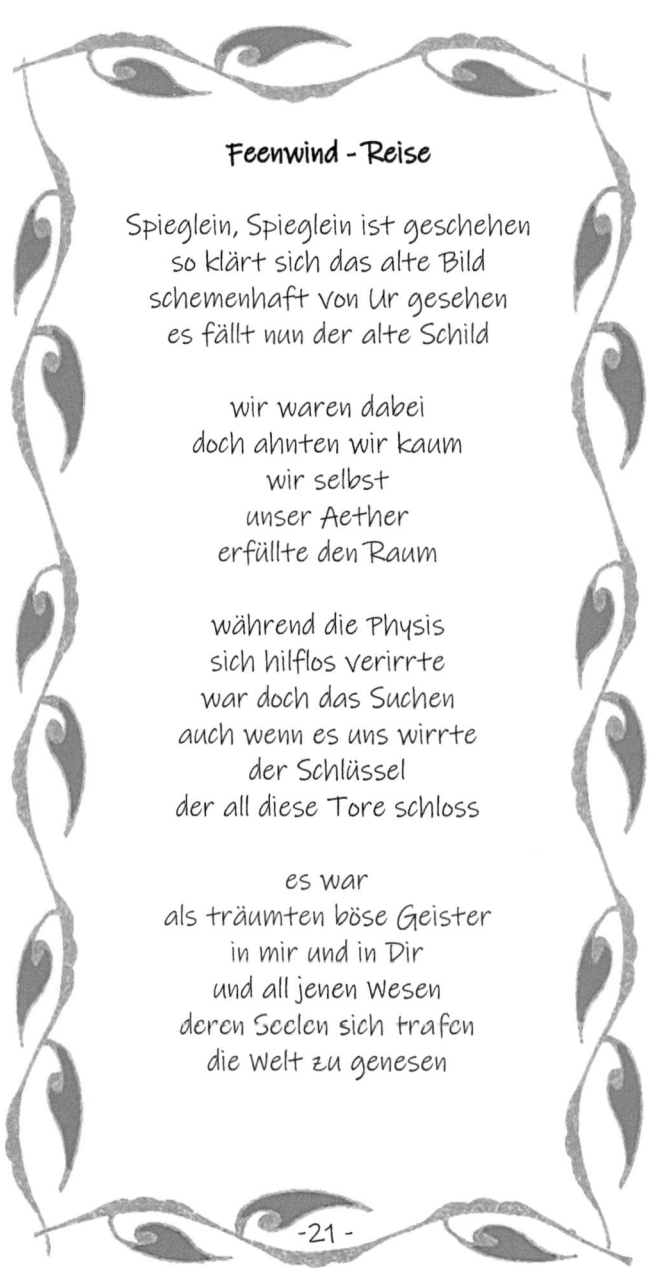

Feenwind - Reise

Spieglein, Spieglein ist geschehen
so klärt sich das alte Bild
schemenhaft von Ur gesehen
es fällt nun der alte Schild

wir waren dabei
doch ahnten wir kaum
wir selbst
unser Aether
erfüllte den Raum

während die Physis
sich hilflos verirrte
war doch das Suchen
auch wenn es uns wirrte
der Schlüssel
der all diese Tore schloss

es war
als träumten böse Geister
in mir und in Dir
und all jenen Wesen
deren Seelen sich trafen
die Welt zu genesen

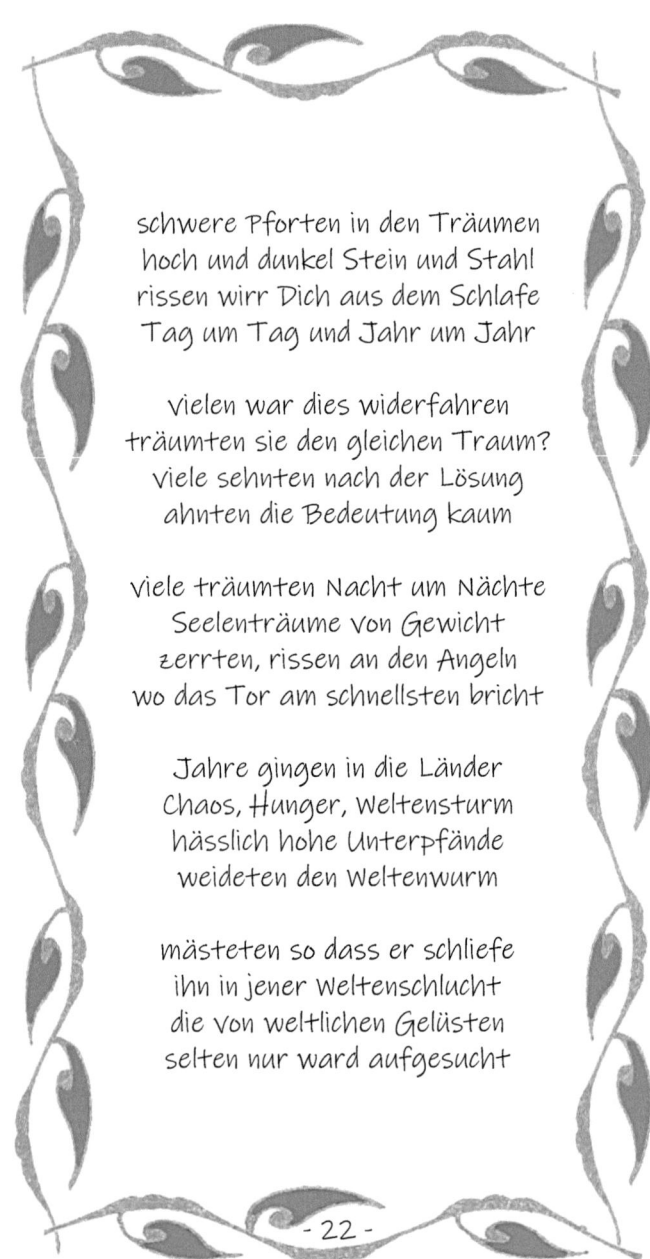

schwere Pforten in den Träumen
hoch und dunkel Stein und Stahl
rissen wirr Dich aus dem Schlafe
Tag um Tag und Jahr um Jahr

vielen war dies widerfahren
träumten sie den gleichen Traum?
viele sehnten nach der Lösung
ahnten die Bedeutung kaum

viele träumten Nacht um Nächte
Seelenträume von Gewicht
zerrten, rissen an den Angeln
wo das Tor am schnellsten bricht

Jahre gingen in die Länder
Chaos, Hunger, Weltensturm
hässlich hohe Unterpfände
weideten den Weltenwurm

mästeten so dass er schliefe
ihn in jener Weltenschlucht
die von weltlichen Gelüsten
selten nur ward aufgesucht

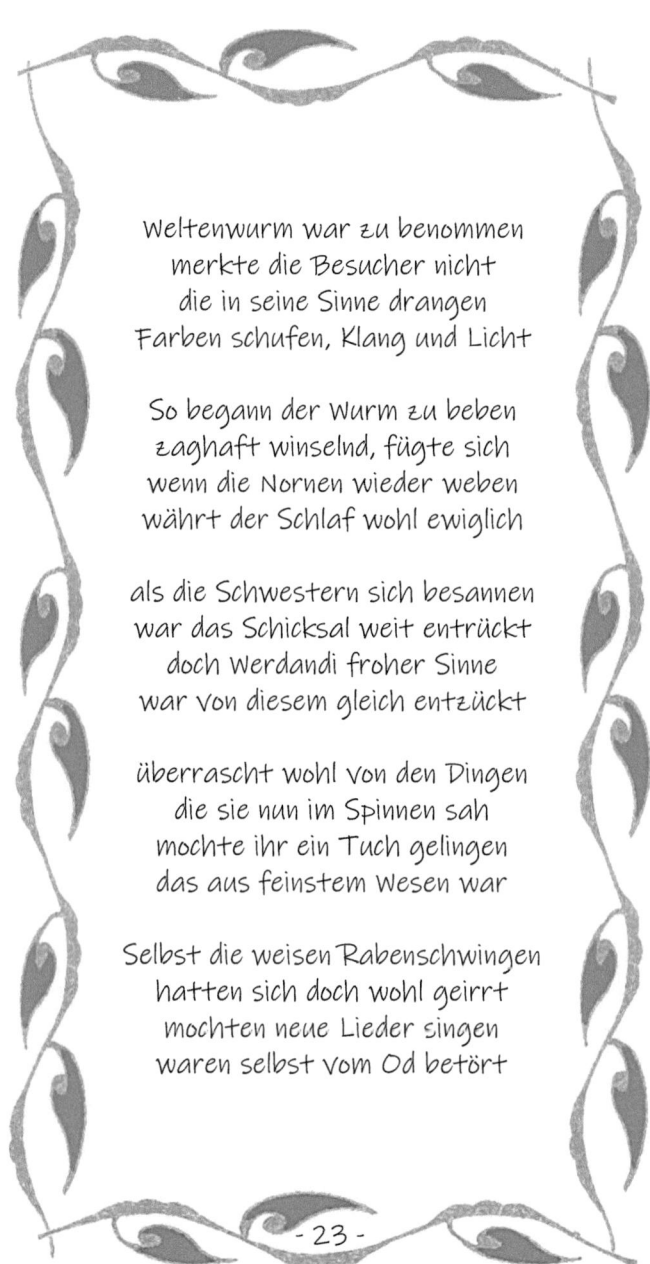

Weltenwurm war zu benommen
merkte die Besucher nicht
die in seine Sinne drangen
Farben schufen, Klang und Licht

So begann der Wurm zu beben
zaghaft winselnd, fügte sich
wenn die Nornen wieder weben
währt der Schlaf wohl ewiglich

als die Schwestern sich besannen
war das Schicksal weit entrückt
doch Werdandi froher Sinne
war von diesem gleich entzückt

überrascht wohl von den Dingen
die sie nun im Spinnen sah
mochte ihr ein Tuch gelingen
das aus feinstem Wesen war

Selbst die weisen Rabenschwingen
hatten sich doch wohl geirrt
mochten neue Lieder singen
waren selbst vom Od betört

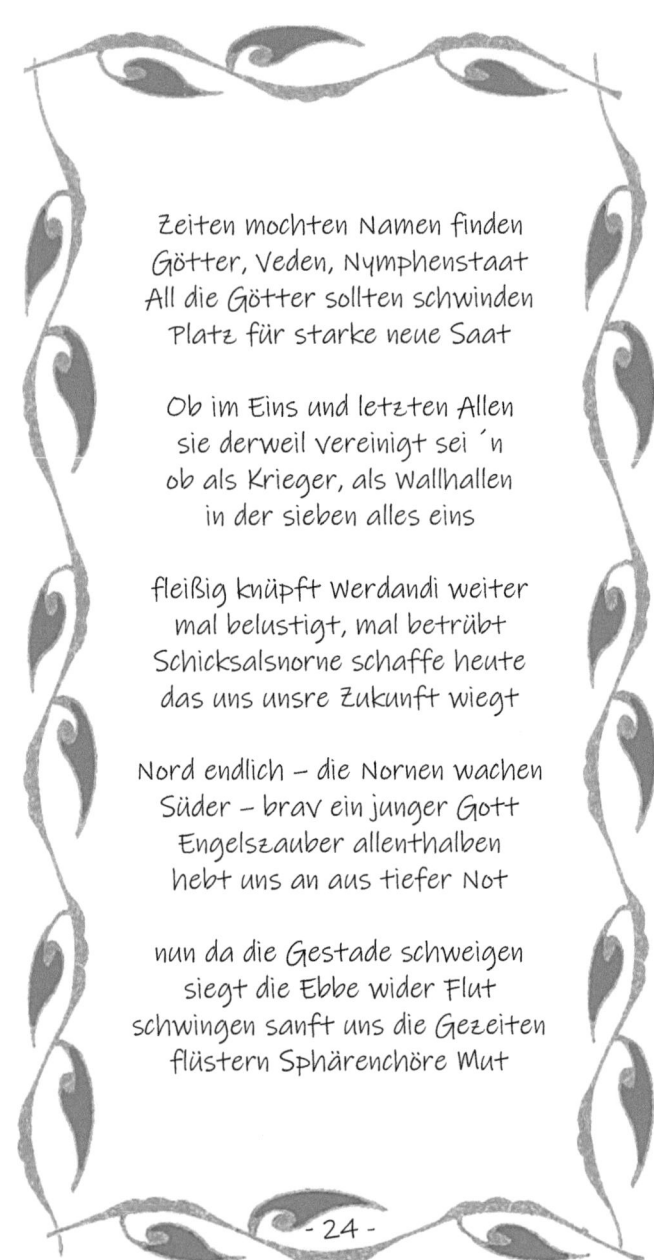

Zeiten mochten Namen finden
Götter, Veden, Nymphenstaat
All die Götter sollten schwinden
Platz für starke neue Saat

Ob im Eins und letzten Allen
sie derweil vereinigt sei´n
ob als Krieger, als Wallhallen
in der sieben alles eins

fleißig knüpft Werdandi weiter
mal belustigt, mal betrübt
Schicksalsnorne schaffe heute
das uns unsre Zukunft wiegt

Nord endlich – die Nornen wachen
Süder – brav ein junger Gott
Engelszauber allenthalben
hebt uns an aus tiefer Not

nun da die Gestade schweigen
siegt die Ebbe wider Flut
schwingen sanft uns die Gezeiten
flüstern Sphärenchöre Mut

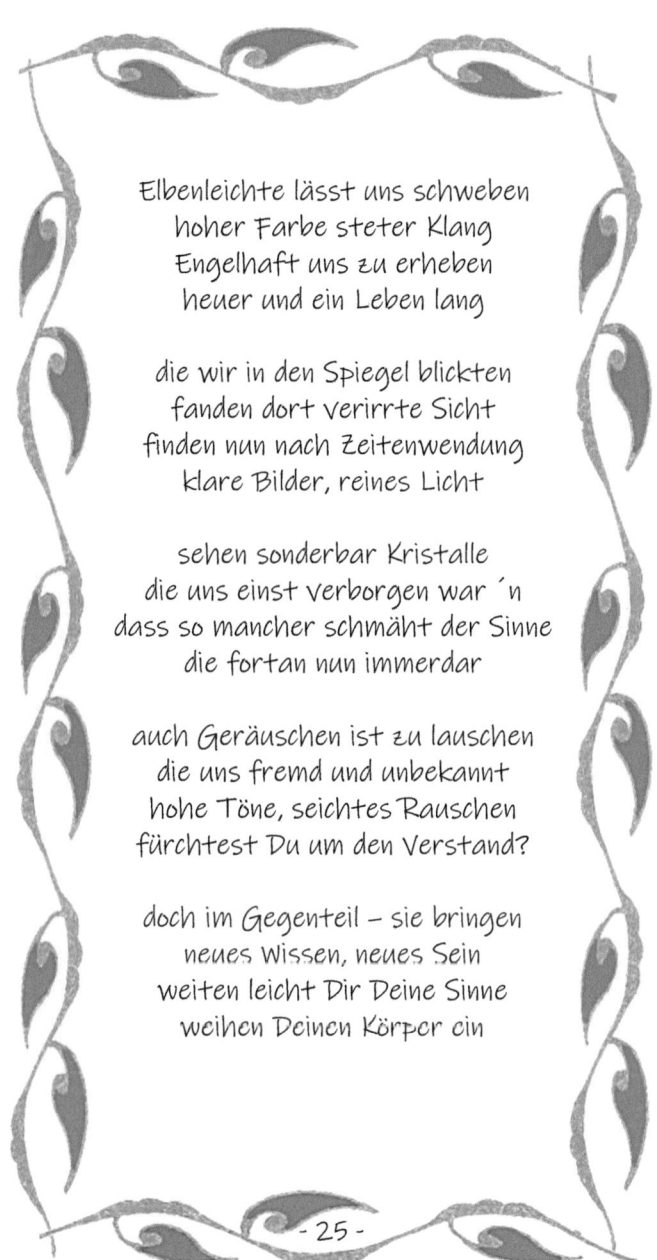

Elbenleichte lässt uns schweben
hoher Farbe steter Klang
Engelhaft uns zu erheben
heuer und ein Leben lang

die wir in den Spiegel blickten
fanden dort verirrte Sicht
finden nun nach Zeitenwendung
klare Bilder, reines Licht

sehen sonderbar Kristalle
die uns einst verborgen war´n
dass so mancher schmäht der Sinne
die fortan nun immerdar

auch Geräuschen ist zu lauschen
die uns fremd und unbekannt
hohe Töne, seichtes Rauschen
fürchtest Du um den Verstand?

doch im Gegenteil – sie bringen
neues Wissen, neues Sein
weiten leicht Dir Deine Sinne
weihen Deinen Körper ein

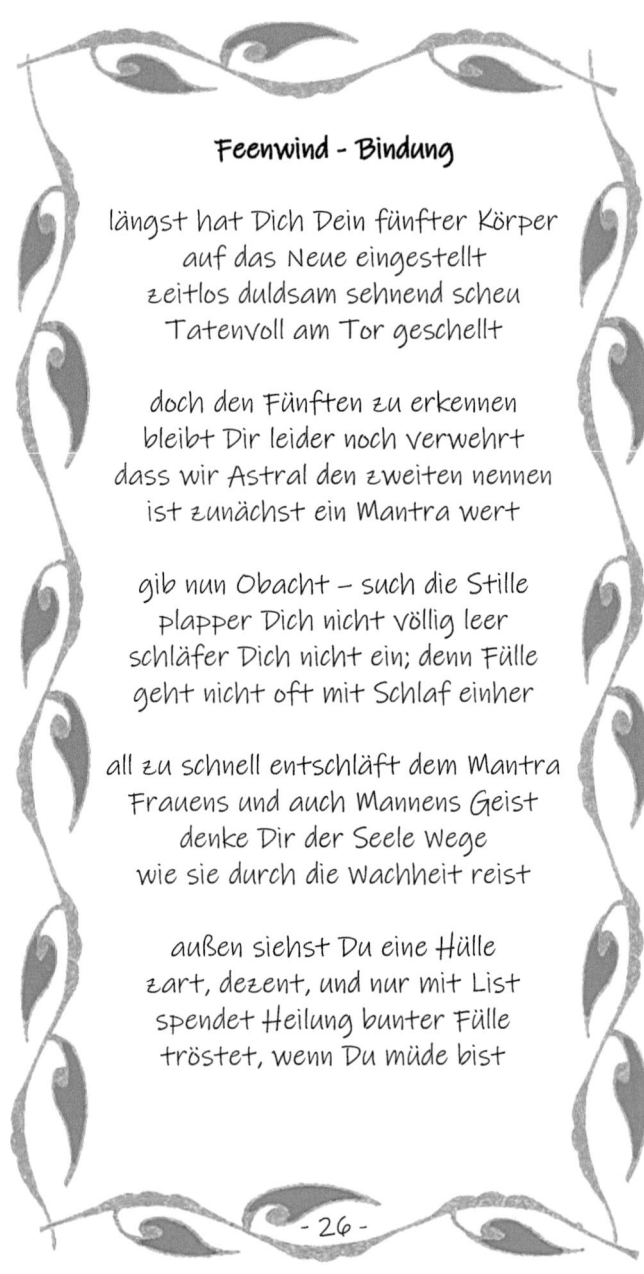

Feenwind - Bindung

längst hat Dich Dein fünfter Körper
auf das Neue eingestellt
zeitlos duldsam sehnend scheu
Tatenvoll am Tor geschellt

doch den Fünften zu erkennen
bleibt Dir leider noch verwehrt
dass wir Astral den zweiten nennen
ist zunächst ein Mantra wert

gib nun Obacht – such die Stille
plapper Dich nicht völlig leer
schläfer Dich nicht ein; denn Fülle
geht nicht oft mit Schlaf einher

all zu schnell entschläft dem Mantra
Frauens und auch Mannens Geist
denke Dir der Seele Wege
wie sie durch die Wachheit reist

außen siehst Du eine Hülle
zart, dezent, und nur mit List
spendet Heilung bunter Fülle
tröstet, wenn Du müde bist

außen schwebt sie, außen bebt sie
außen wabert sie umher
doch den Reichtum sie zu füllen
findest Du von innen her

kehre ein in Deinen Körper
fühle Liebe, Geist und Glut
fließe durch der Glieder Fühler
gleite durch der Venen Flut

Finde Sonnen, helle Lichter
tränke Dich von innen her
dann erglüht Dein ganzer Körper
hell wird heil zum lichten Meer

erst wenn diesen Weg gefunden
gleiten Deine Sinne fort
finden Ufer, finden Lande
stranden an gewünschtem Ort

nun der dritte neue Körper
bringt Gesundheit Dir und Kraft
fühlst Du in des Körpers Äther
gibt er Dir was Leben schafft

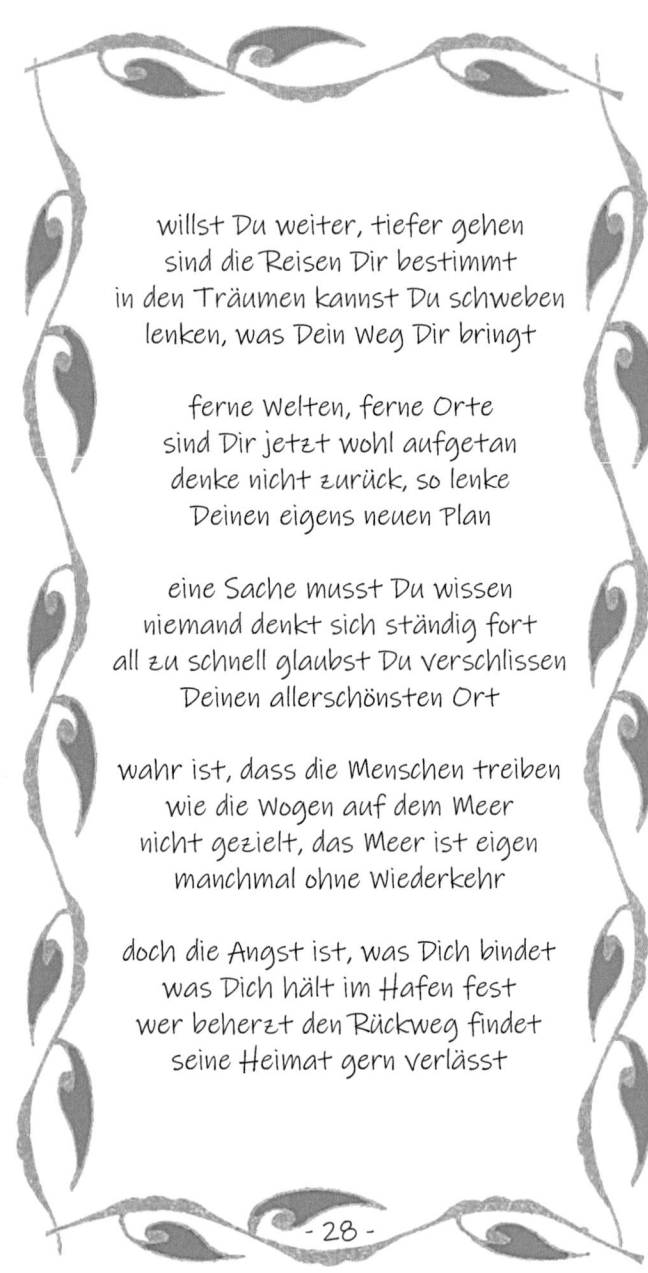

willst Du weiter, tiefer gehen
sind die Reisen Dir bestimmt
in den Träumen kannst Du schweben
lenken, was Dein Weg Dir bringt

ferne Welten, ferne Orte
sind Dir jetzt wohl aufgetan
denke nicht zurück, so lenke
Deinen eigens neuen Plan

eine Sache musst Du wissen
niemand denkt sich ständig fort
all zu schnell glaubst Du verschlissen
Deinen allerschönsten Ort

wahr ist, dass die Menschen treiben
wie die Wogen auf dem Meer
nicht gezielt, das Meer ist eigen
manchmal ohne Wiederkehr

doch die Angst ist, was Dich bindet
was Dich hält im Hafen fest
wer beherzt den Rückweg findet
seine Heimat gern verlässt

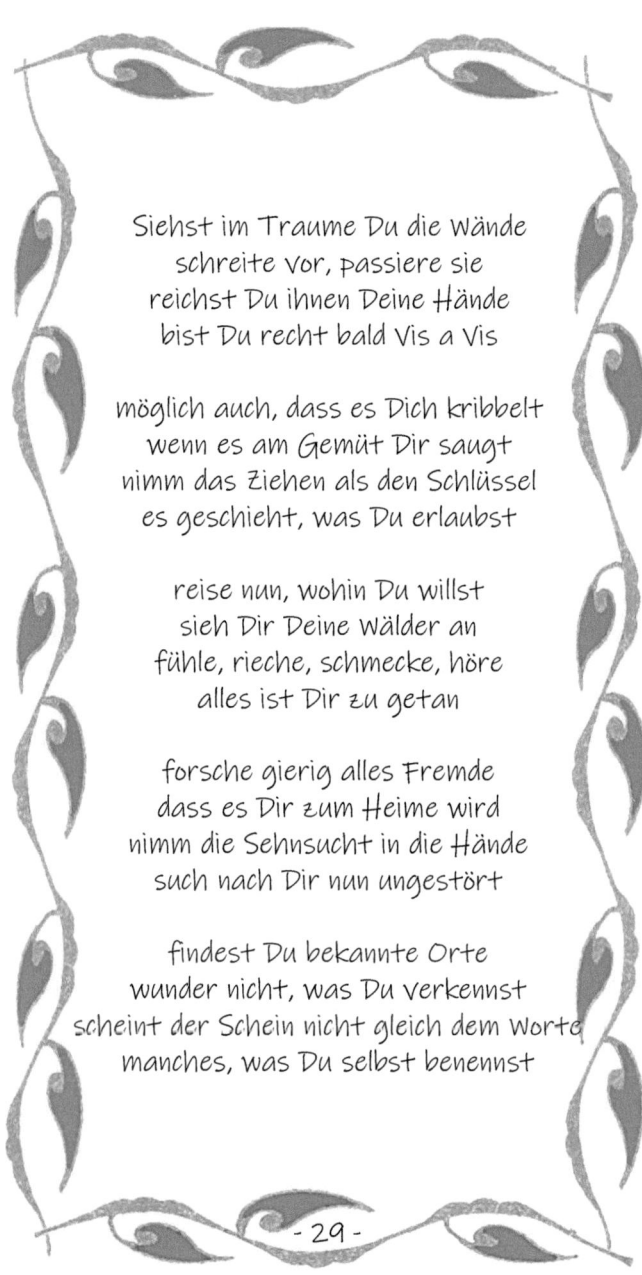

Siehst im Traume Du die Wände
schreite vor, passiere sie
reichst Du ihnen Deine Hände
bist Du recht bald Vis a Vis

möglich auch, dass es Dich kribbelt
wenn es am Gemüt Dir saugt
nimm das Ziehen als den Schlüssel
es geschieht, was Du erlaubst

reise nun, wohin Du willst
sieh Dir Deine Wälder an
fühle, rieche, schmecke, höre
alles ist Dir zu getan

forsche gierig alles Fremde
dass es Dir zum Heime wird
nimm die Sehnsucht in die Hände
such nach Dir nun ungestört

findest Du bekannte Orte
wunder nicht, was Du verkennst
scheint der Schein nicht gleich dem Worte
manches, was Du selbst benennst

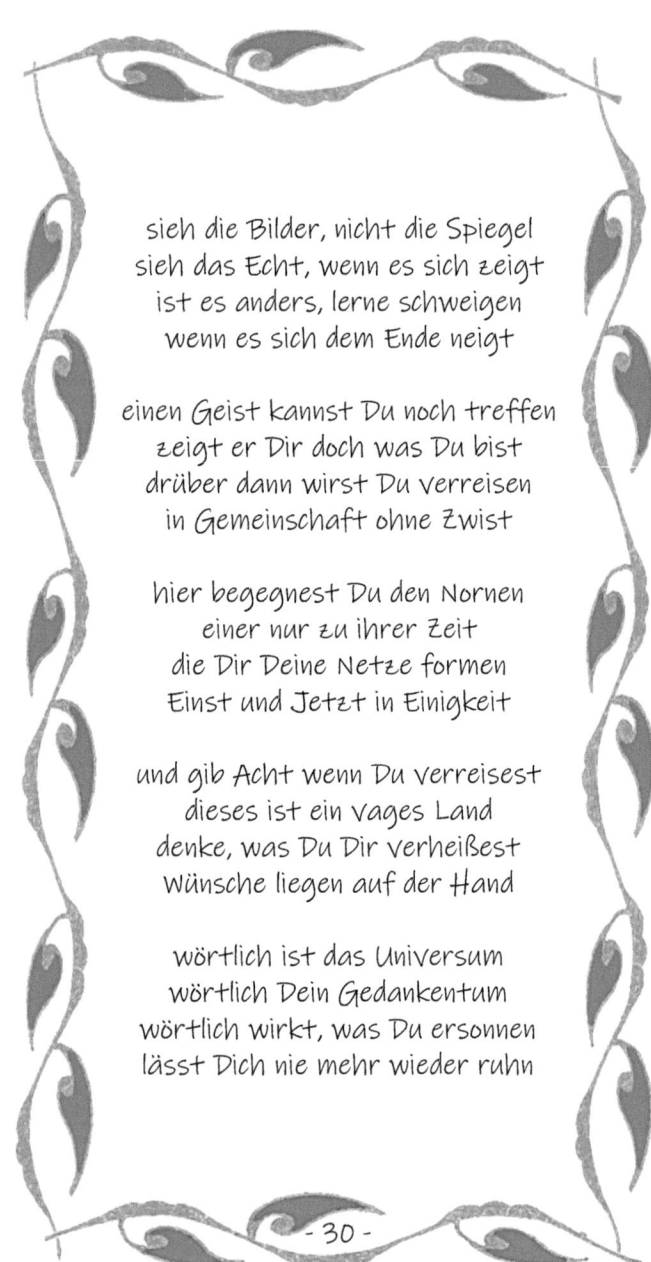

sieh die Bilder, nicht die Spiegel
sieh das Echt, wenn es sich zeigt
ist es anders, lerne schweigen
wenn es sich dem Ende neigt

einen Geist kannst Du noch treffen
zeigt er Dir doch was Du bist
drüber dann wirst Du verreisen
in Gemeinschaft ohne Zwist

hier begegnest Du den Nornen
einer nur zu ihrer Zeit
die Dir Deine Netze formen
Einst und Jetzt in Einigkeit

und gib Acht wenn Du verreisest
dieses ist ein vages Land
denke, was Du Dir verheißest
Wünsche liegen auf der Hand

wörtlich ist das Universum
wörtlich Dein Gedankentum
wörtlich wirkt, was Du ersonnen
lässt Dich nie mehr wieder ruhn

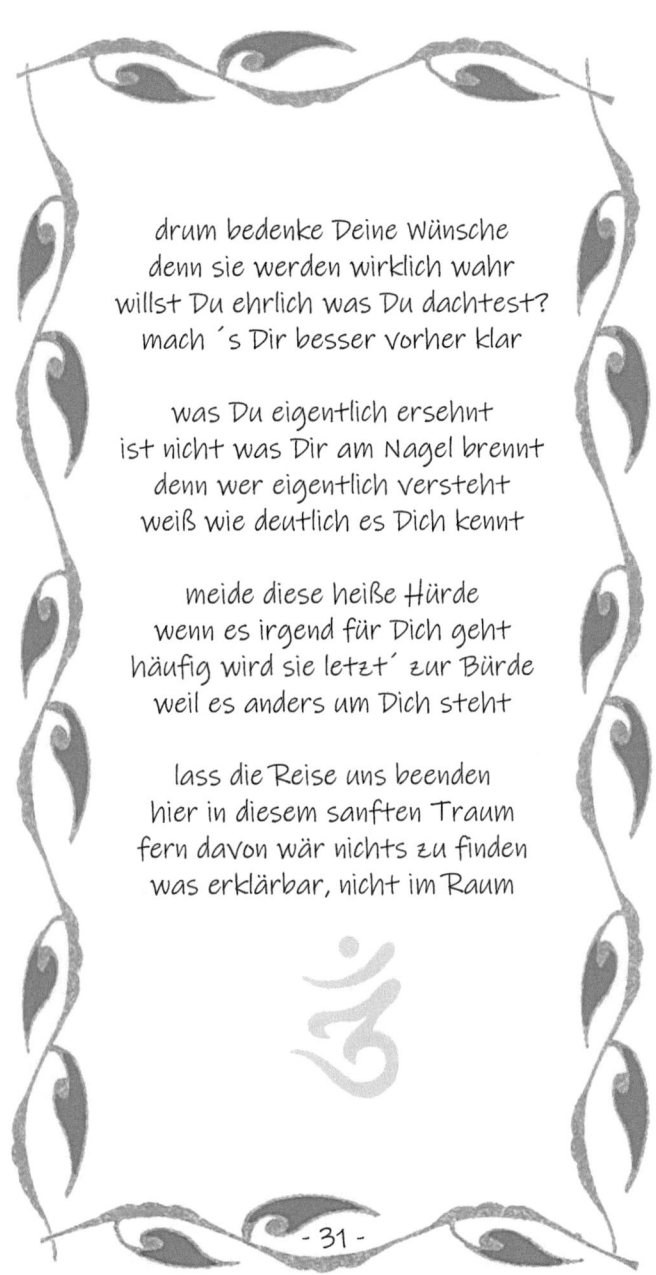

drum bedenke Deine Wünsche
denn sie werden wirklich wahr
willst Du ehrlich was Du dachtest?
mach´s Dir besser vorher klar

was Du eigentlich ersehnt
ist nicht was Dir am Nagel brennt
denn wer eigentlich versteht
weiß wie deutlich es Dich kennt

meide diese heiße Hürde
wenn es irgend für Dich geht
häufig wird sie letzt´ zur Bürde
weil es anders um Dich steht

lass die Reise uns beenden
hier in diesem sanften Traum
fern davon wär nichts zu finden
was erklärbar, nicht im Raum

An manchen Tagen
bin in erleuchtet
Natürlich nur teilweise
das wäre sonst zu heftig

in manchen Sekunden
in manchen Momenten
in Situationen
in Träumen
in meinen Gefühlen

dann weiß ich
alles Wissen ist in mir
es passiert einfach

nie habe ich erfahren
wann es geschieht
es geschieht
wenn es geschieht

Dann ist alles Wissen der Welt da
nur leider ist meine Datenbank zu klein

viele von uns haben Erleuchtungen
sie wissen es vielleicht nicht
wenn niemand es beschrieben hat
in diesem Universum

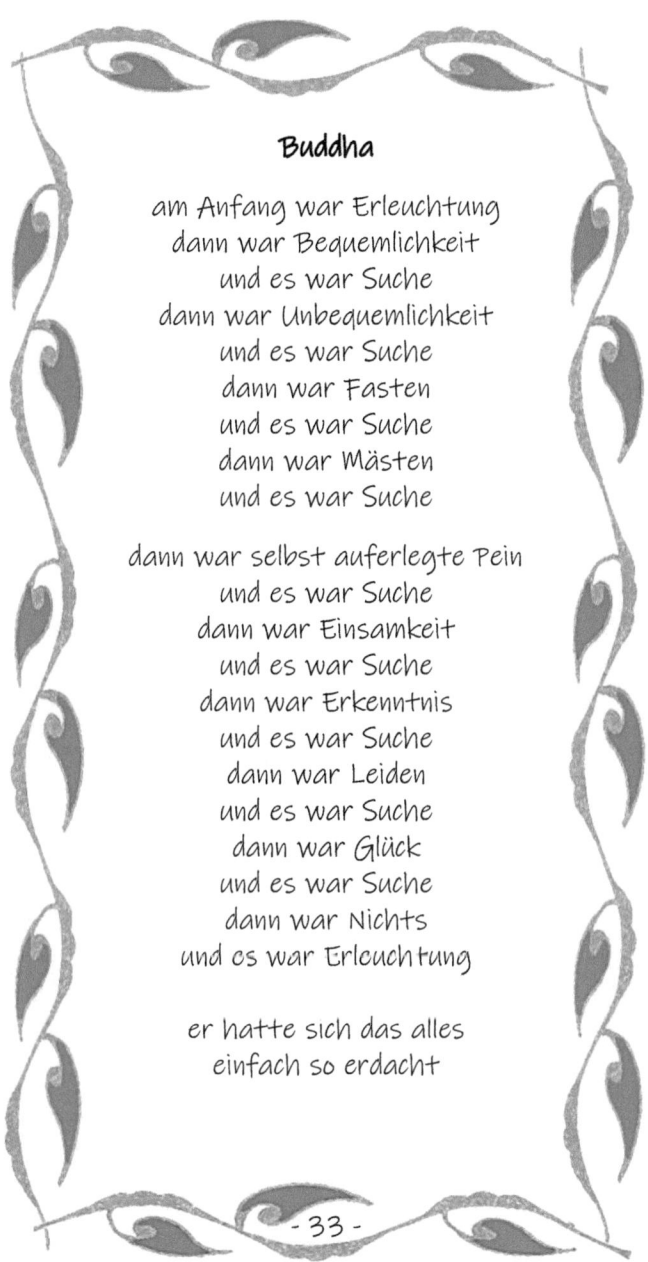

Buddha

am Anfang war Erleuchtung
dann war Bequemlichkeit
und es war Suche
dann war Unbequemlichkeit
und es war Suche
dann war Fasten
und es war Suche
dann war Mästen
und es war Suche

dann war selbst auferlegte Pein
und es war Suche
dann war Einsamkeit
und es war Suche
dann war Erkenntnis
und es war Suche
dann war Leiden
und es war Suche
dann war Glück
und es war Suche
dann war Nichts
und es war Erleuchtung

er hatte sich das alles
einfach so erdacht

Ohne Karma

einmal traf ich einen Mann
    der hatte kein Karma

        keine Verabredung
  kein Lernen
        kein Ziel

  nichts zu tun in diesem Leben
      und er lebte eben so
wie Leute eben leben
    die gerade kein Karma haben
        in den Ferien
dachte er

    hat 's voll versaut
        dieses Leben
echt schade für ihn
    wird wohl noch 'ne Runde drehen
        im nächsten Leben
und vielleicht auch
    im Leben danach

    wer weiß das schon?

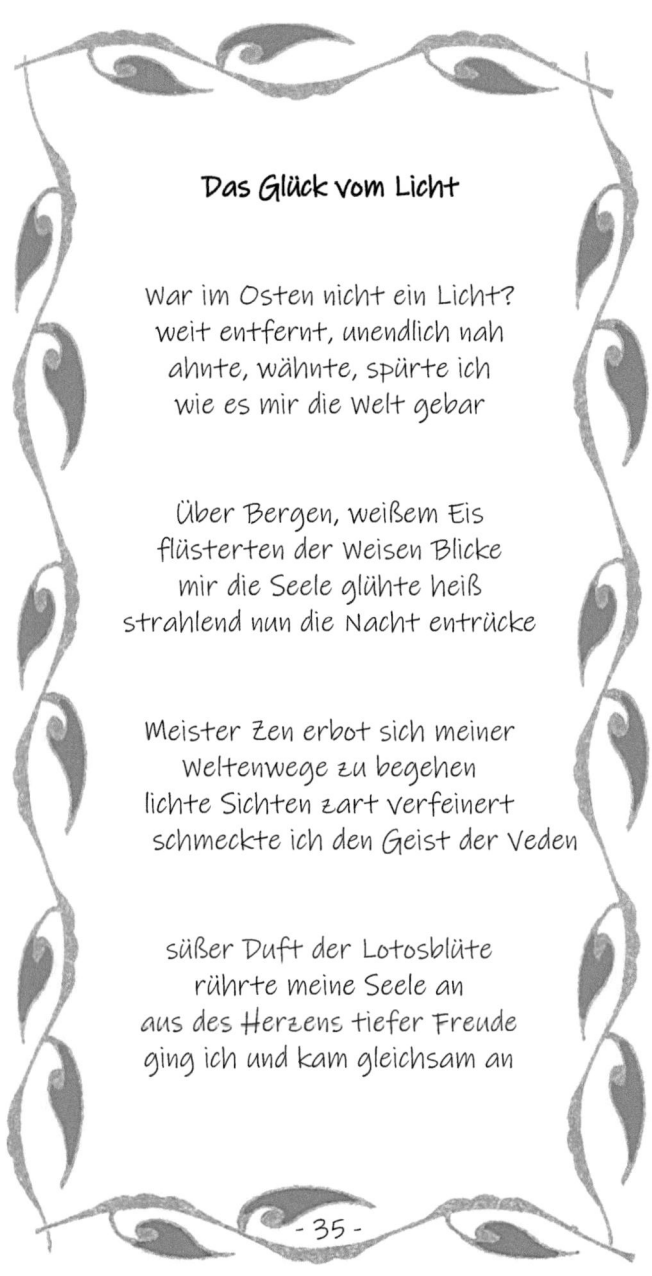

Das Glück vom Licht

War im Osten nicht ein Licht?
weit entfernt, unendlich nah
ahnte, wähnte, spürte ich
wie es mir die Welt gebar

Über Bergen, weißem Eis
flüsterten der Weisen Blicke
mir die Seele glühte heiß
strahlend nun die Nacht entrücke

Meister Zen erbot sich meiner
Weltenwege zu begehen
lichte Sichten zart verfeinert
schmeckte ich den Geist der Veden

süßer Duft der Lotosblüte
rührte meine Seele an
aus des Herzens tiefer Freude
ging ich und kam gleichsam an

Erinnerung

Viele sind satt
und wissen es nicht
viele sind glücklich
und wissen es nicht
viele erleuchtet
und ahnen es nicht

denn sie glauben
der Hunger kehre wieder
das Unglück kehre wieder
die Dunkelheit kehre zurück

dabei gehört ihnen einfach
die Erinnerung

an Sattheit
an Hunger

an Glück
an Unglück

an Dunkelheit
an Erleuchtung

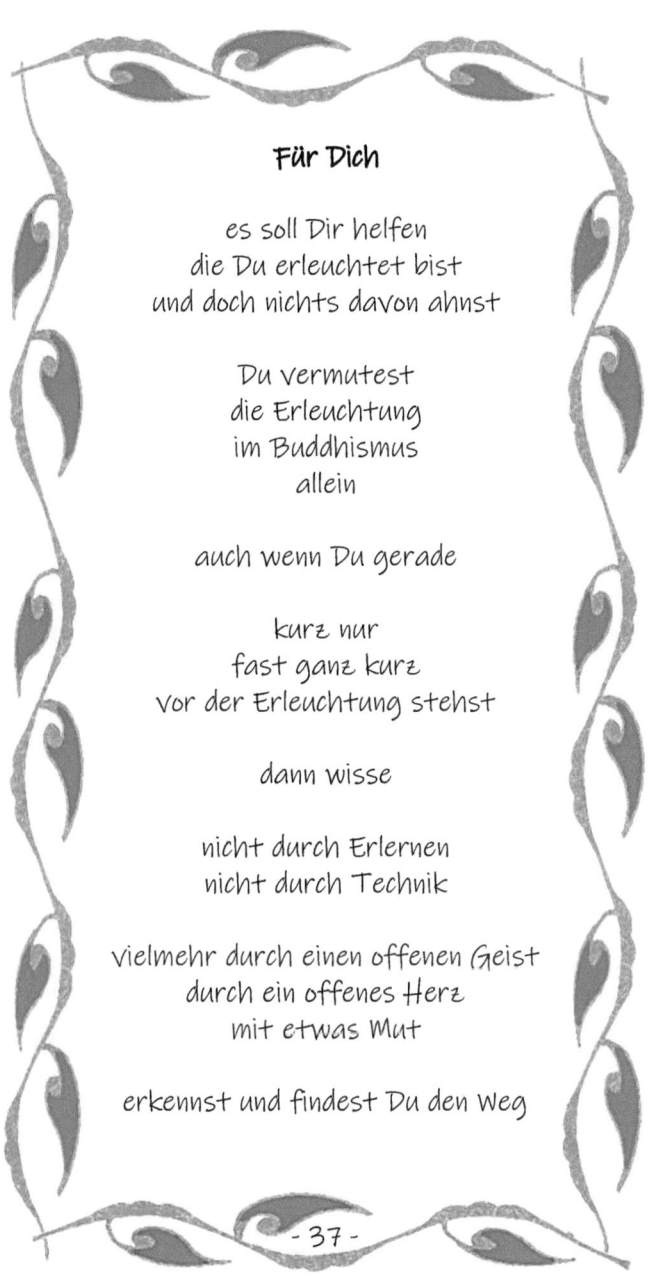

Für Dich

es soll Dir helfen
die Du erleuchtet bist
und doch nichts davon ahnst

Du vermutest
die Erleuchtung
im Buddhismus
allein

auch wenn Du gerade

kurz nur
fast ganz kurz
vor der Erleuchtung stehst

dann wisse

nicht durch Erlernen
nicht durch Technik

vielmehr durch einen offenen Geist
durch ein offenes Herz
mit etwas Mut

erkennst und findest Du den Weg

Traumreisen

Manche Träume sind Fenster

Aussichten in die Seele

Aussichten in parallele Welten

Aussichten in Zeitlosigkeit

Manche Träume sind Fenster

ein Flüstern der Vergangenheit

ein Flüstern des Lichts

ein Flüstern der Seele

Manche Träume sind Fenster

rahmenlos

unendlich

traumhaft real

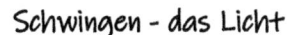

Schwingen - das Licht

lichte Momente
erfüllt vom Rot der Energie
erfüllt vom Orange des Vertrauens
erfüllt vom Gelb der Kreativität
erfüllt vom Grün der Wiedergeburt
erfüllt vom Blau des Wissens
erfüllt vom Indigo der Heilung
erfüllt vom Violett des All-Einen

lichte Seelen
erfüllt von Energie
erfüllt von Vertrauen
erfüllt von Lernen
erfüllt von Wiedergeburten
erfüllt von Wachsen
erfüllt von Heilung
erfüllt von All Einem

All-Eins
erfüllt von Liebe
erfüllt von Glück
erfüllt von Freude
erfüllt von Endlosigkeit
erfüllt von Erkenntnis
erfüllt von Reinheit
erfüllt von Leere

Anderland

Im Innern Deiner Seele
schlummert eine tiefe Welt
umrangt von Sagen
umgarnt von Legenden
gehst Du so oft es Dir gefällt
hinab

triffst Freunde
Begleiter
wen immer Du ersehnst

alles ist ...
in dieser
Deiner tiefen Welt

in Anderland

Du gehst
durch einen Wendelturm
mit neunzigtausend Stufen

in Deine hohe zweite Welt
den Raben dort zu treffen
steige auf

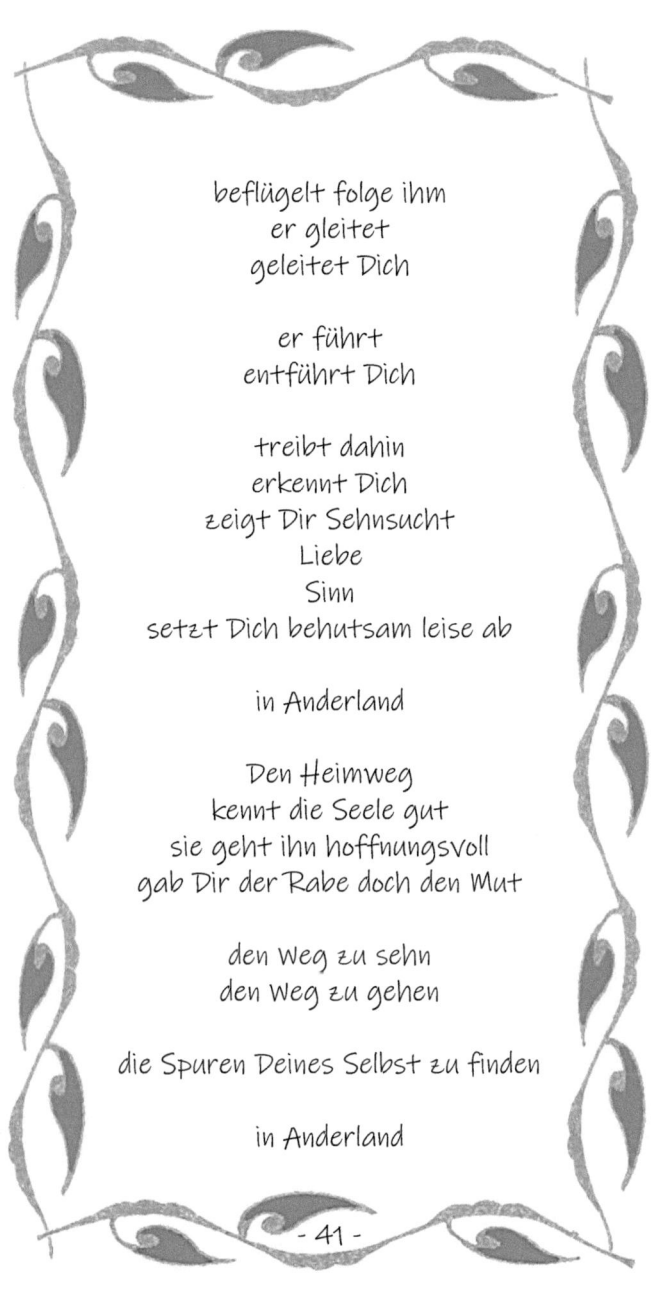

beflügelt folge ihm
er gleitet
geleitet Dich

er führt
entführt Dich

treibt dahin
erkennt Dich
zeigt Dir Sehnsucht
Liebe
Sinn
setzt Dich behutsam leise ab

in Anderland

Den Heimweg
kennt die Seele gut
sie geht ihn hoffnungsvoll
gab Dir der Rabe doch den Mut

den Weg zu sehn
den Weg zu gehen

die Spuren Deines Selbst zu finden

in Anderland

Seelen

es gibt Seelen

die sind größer

als unser Universum

doch wenn sie mich besuchen

dann schlüpfen sie manchmal

in Rollen

kleiner als eine Maus

Farbe

wärest Du wie ich
wäre Dir wichtig

Farbe zu erkennen

Farbe ist

das Wesen -tliche
meiner Aura

Aura ist

das Wesen -tliche
meines Ich

Du bist nicht

ich

so spielt es für Dich

vielleicht

keine Rolle

Wenn Sprache endet

Wenn Worte fließen
mit dem Wind
gleiten über Ebenen
Gefühle
ohne Schatten
kein Kalkül
ohne lichten Sinn

Wenn Worte weben
schon im Sand
Ahnungen
Fürchte
Früchte
ohne Rücksicht
ohne Achtung
ohne Menschlichkeit

Wenn Worte wabern
dort im Staub
erwecken
beben
beleben
das Wesen Mensch

entfachen sie das Sein

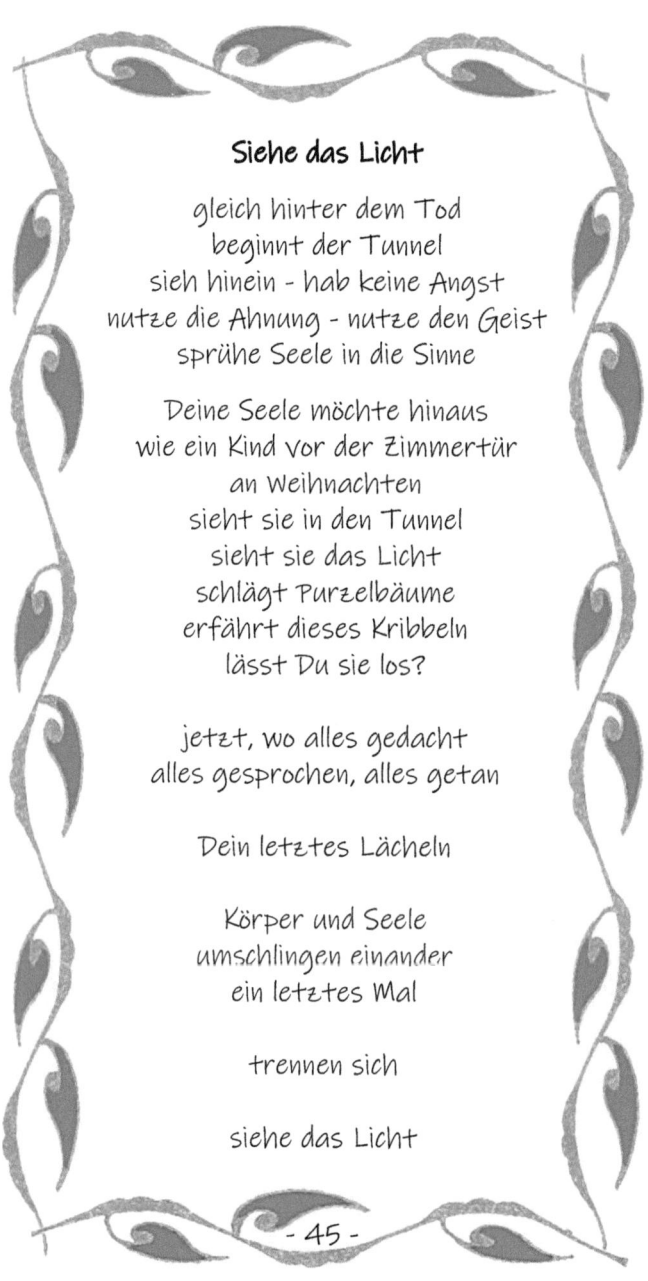

Siehe das Licht

gleich hinter dem Tod
beginnt der Tunnel
sieh hinein - hab keine Angst
nutze die Ahnung - nutze den Geist
sprühe Seele in die Sinne

Deine Seele möchte hinaus
wie ein Kind vor der Zimmertür
an Weihnachten
sieht sie in den Tunnel
sieht sie das Licht
schlägt Purzelbäume
erfährt dieses Kribbeln
lässt Du sie los?

jetzt, wo alles gedacht
alles gesprochen, alles getan

Dein letztes Lächeln

Körper und Seele
umschlingen einander
ein letztes Mal

trennen sich

siehe das Licht

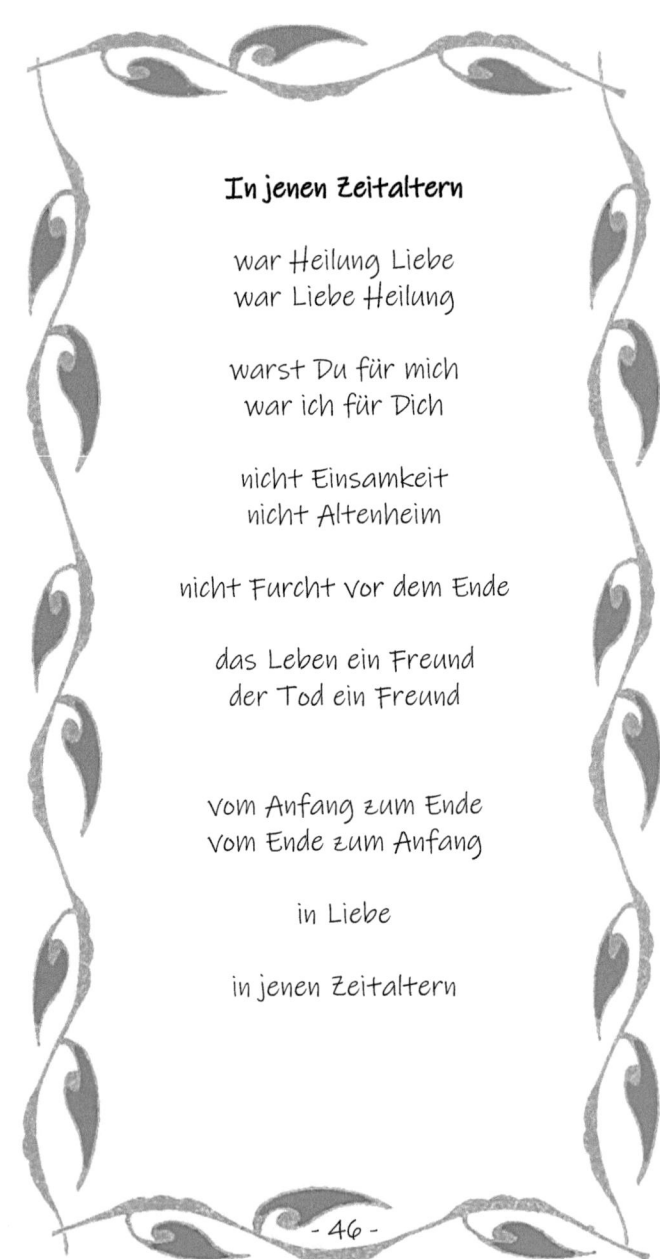

In jenen Zeitaltern

war Heilung Liebe
war Liebe Heilung

warst Du für mich
war ich für Dich

nicht Einsamkeit
nicht Altenheim

nicht Furcht vor dem Ende

das Leben ein Freund
der Tod ein Freund

vom Anfang zum Ende
vom Ende zum Anfang

in Liebe

in jenen Zeitaltern

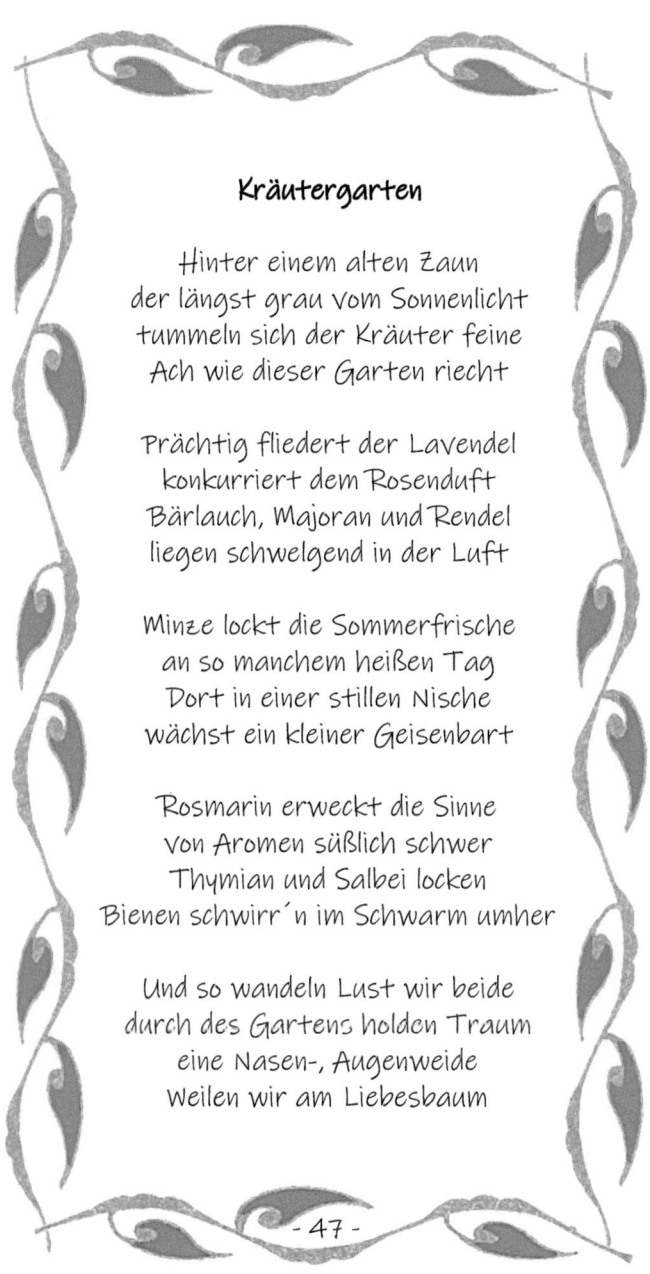

Kräutergarten

Hinter einem alten Zaun
der längst grau vom Sonnenlicht
tummeln sich der Kräuter feine
Ach wie dieser Garten riecht

Prächtig fliedert der Lavendel
konkurriert dem Rosenduft
Bärlauch, Majoran und Rendel
liegen schwelgend in der Luft

Minze lockt die Sommerfrische
an so manchem heißen Tag
Dort in einer stillen Nische
wächst ein kleiner Geisenbart

Rosmarin erweckt die Sinne
von Aromen süßlich schwer
Thymian und Salbei locken
Bienen schwirr´n im Schwarm umher

Und so wandeln Lust wir beide
durch des Gartens holden Traum
eine Nasen-, Augenweide
Weilen wir am Liebesbaum

Heilung

Könntest Du die Aura sehen
dann wüsstest Du

dass mehr als nur Mensch und Tier
von Aura umgeben sind

dann wüsstest Du
wie Aura schwingt

gleich einer Farbe
Duft und Ton

dann wüsstest Du
dass eine Verletzung der Aura
zur Verletzung der Seele
zur Verletzung des Körpers führt

ja, dann wüsstest Du
wie der Körper zu heilen ist
in der Aura
durch Schwingungen
durch Farbe
Duft und Ton

dann würdest Du heilen helfen

Novembermond

Kein Mond ist wie Novembermond
so blass und matt so unbewohnt
so fahl und berstend doch von Energie

er zwingt, er dringt, er treibt
er fordert, führt, verleitet
spendet maßlos Angst

die pure Kraft
die zündelnde Idee

schickt Dir Gesichte
erzählt Dir flüsternd, lüstern
säuselnde Geschichten

Novembermond schickt
lichte Augenblicke
erkennt, erleuchtet und versteht

der Weg scheint klarer
lockt dich, reizt mich
zieht mich auf Deine Reise

hohe Länder flimmern
im Novembermond

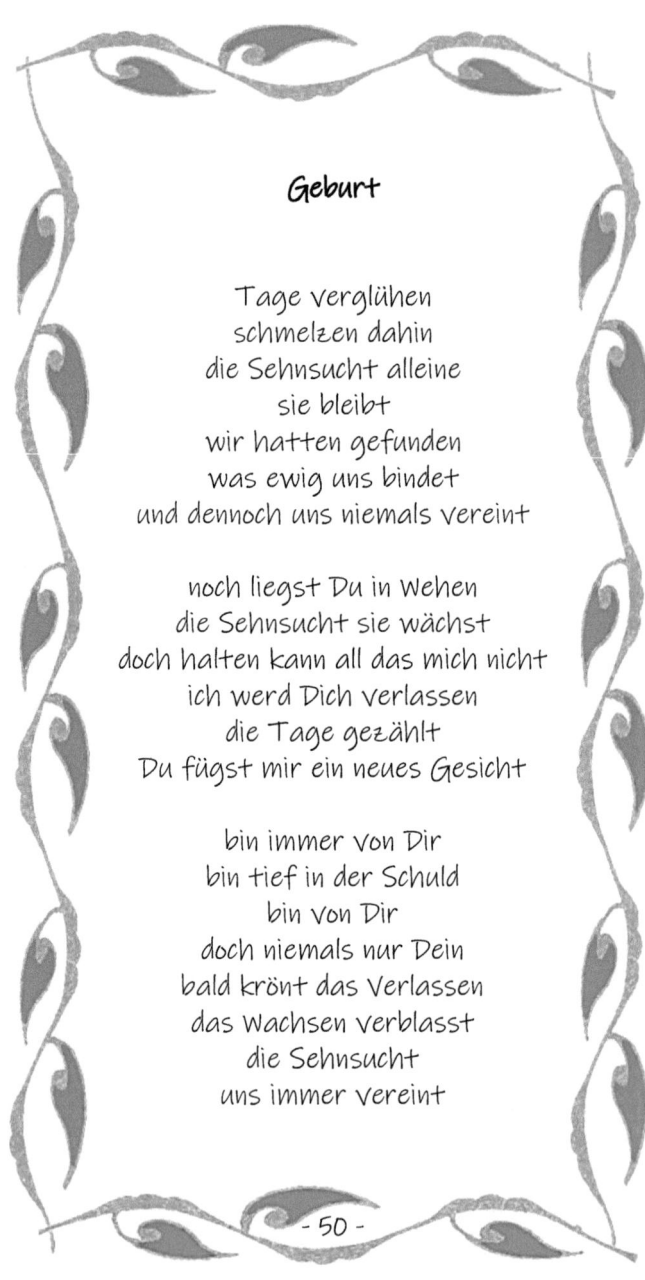

Geburt

Tage verglühen
schmelzen dahin
die Sehnsucht alleine
sie bleibt
wir hatten gefunden
was ewig uns bindet
und dennoch uns niemals vereint

noch liegst Du in Wehen
die Sehnsucht sie wächst
doch halten kann all das mich nicht
ich werd Dich verlassen
die Tage gezählt
Du fügst mir ein neues Gesicht

bin immer von Dir
bin tief in der Schuld
bin von Dir
doch niemals nur Dein
bald krönt das Verlassen
das Wachsen verblasst
die Sehnsucht
uns immer vereint

Wüstenkind

Wo der Wind die Steppe reitet
Wo der Tag die Nacht verführt
Wo das Land gen Morgen gleitet
Liegt ein Samen unberührt

Dort der Markt erfüllt von Düften
Dort der Wein die Sinne webt
Dort Musik treibt durch die Lüfte
Ist der Samen schon belebt

Nährend gleich dem Regentropfen
Wächst der Samen, grünt das Land
Tore neuen Träumen offen
Ragen Märchen aus dem Sand

Treiben gar bizarre Blüten
Klingen tausend eine Nacht
Flüstern Sagenlieder, Mythen
Wüstenkind ist wohl erwacht

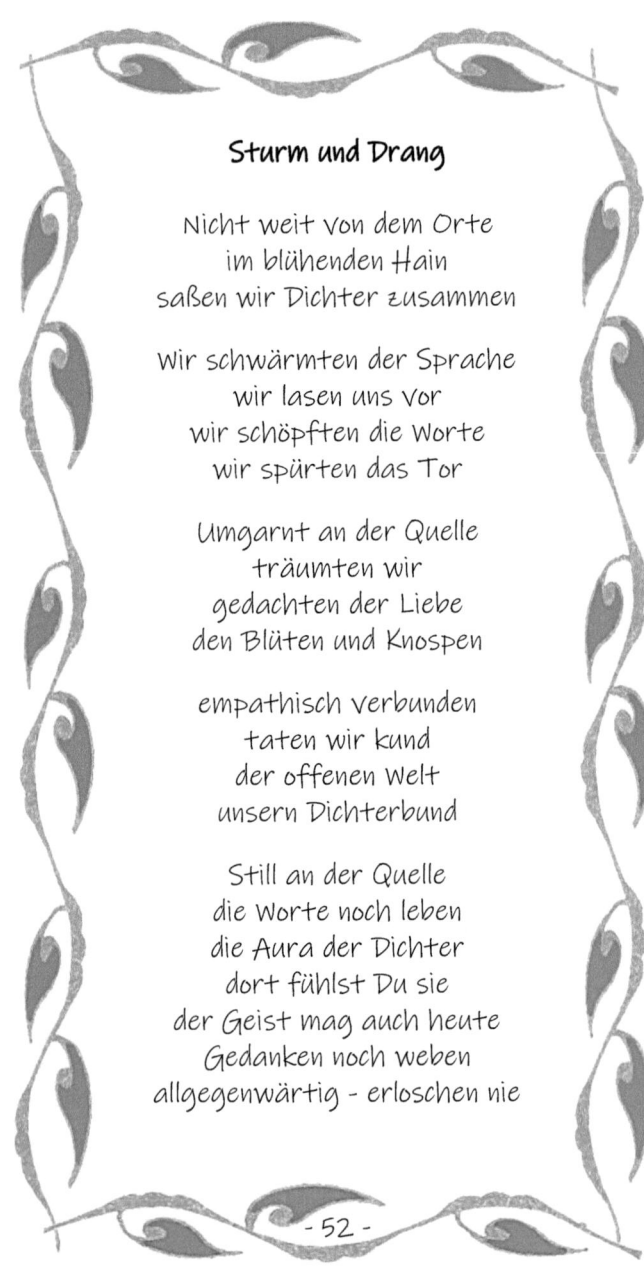

Sturm und Drang

Nicht weit von dem Orte
im blühenden Hain
saßen wir Dichter zusammen

Wir schwärmten der Sprache
wir lasen uns vor
wir schöpften die Worte
wir spürten das Tor

Umgarnt an der Quelle
träumten wir
gedachten der Liebe
den Blüten und Knospen

empathisch verbunden
taten wir kund
der offenen Welt
unsern Dichterbund

Still an der Quelle
die Worte noch leben
die Aura der Dichter
dort fühlst Du sie
der Geist mag auch heute
Gedanken noch weben
allgegenwärtig - erloschen nie

Novalis

er saß verlassen einsam
viele Jahre
in einem Glaspalast
aus Ornament und Stein
es schmerzte ihn
sein Sinnen zu bewahren
das voller Ehre
Reichtum sollte sein

er fühlte seinen Körper
längst vergreisen
doch noch die Nägel krallten
mühsam an der Wacht
die Liebe ließ ihn
allzu früh verwaisen
nur Schloss und Hof
die strahlten alte Pracht

so schlich dem Glanze der ihn trieb
nun doch die Reue
wie die Füchsin
listig zarte Bilder heim
doch selbst ein Fuchs erstarkt
in List und Schläue
ließ Reue Reue er
und Sehnsucht Sehnsucht sein

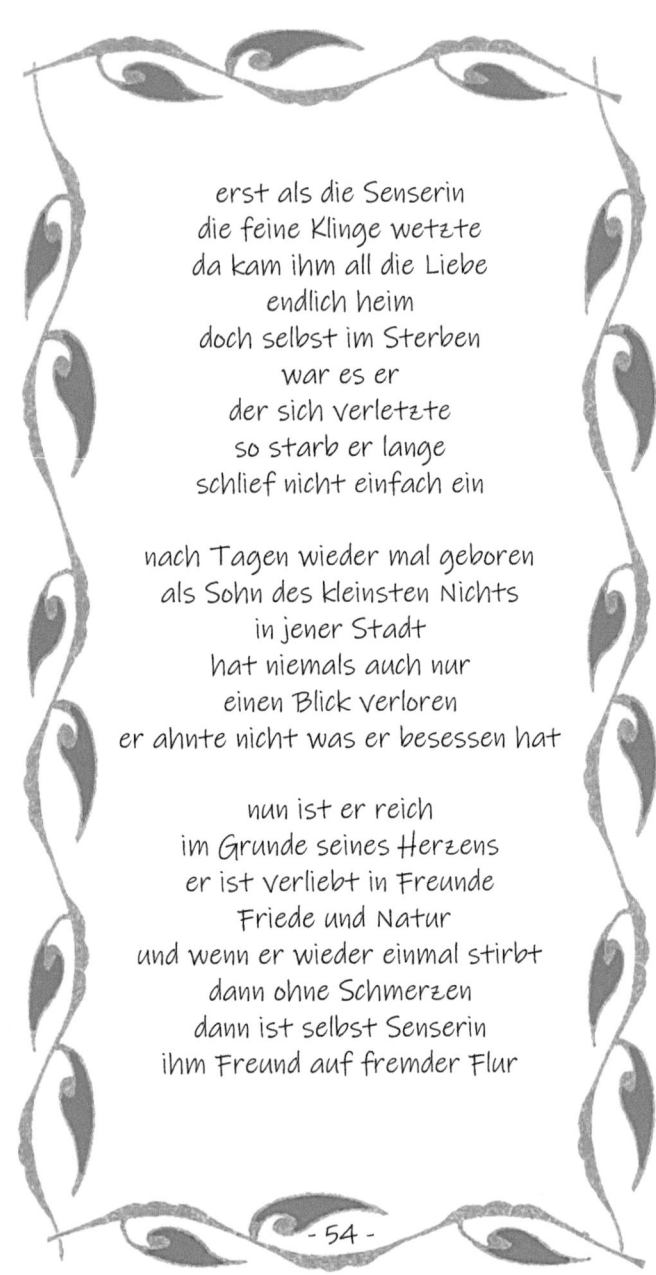

erst als die Senserin
die feine Klinge wetzte
da kam ihm all die Liebe
endlich heim
doch selbst im Sterben
war es er
der sich verletzte
so starb er lange
schlief nicht einfach ein

nach Tagen wieder mal geboren
als Sohn des kleinsten Nichts
in jener Stadt
hat niemals auch nur
einen Blick verloren
er ahnte nicht was er besessen hat

nun ist er reich
im Grunde seines Herzens
er ist verliebt in Freunde
Friede und Natur
und wenn er wieder einmal stirbt
dann ohne Schmerzen
dann ist selbst Senserin
ihm Freund auf fremder Flur

Kühl und klar im Glanz geboren
Liegt es sanft im Morgenschein
Leichter Nebel glättet Wogen
Bettet noch die Träume ein

Fern am Firmament erheben
Sich die Berge aus Kristall
Eis´ge Anmut kühlen Lebens
Endlos arktisch Eddas Saal

Das lichte Meer

Längst die Nacht ist fort, gegangen
Wich des Himmels lichtem Schein
Weißer Mond Du bist gefangen
Mit dem Horizont vereint

Reise, reise auf den Planken
Zieh den Wellen hinterher
Wo sich alte Mähren ranken
Träume ich das lichte Meer

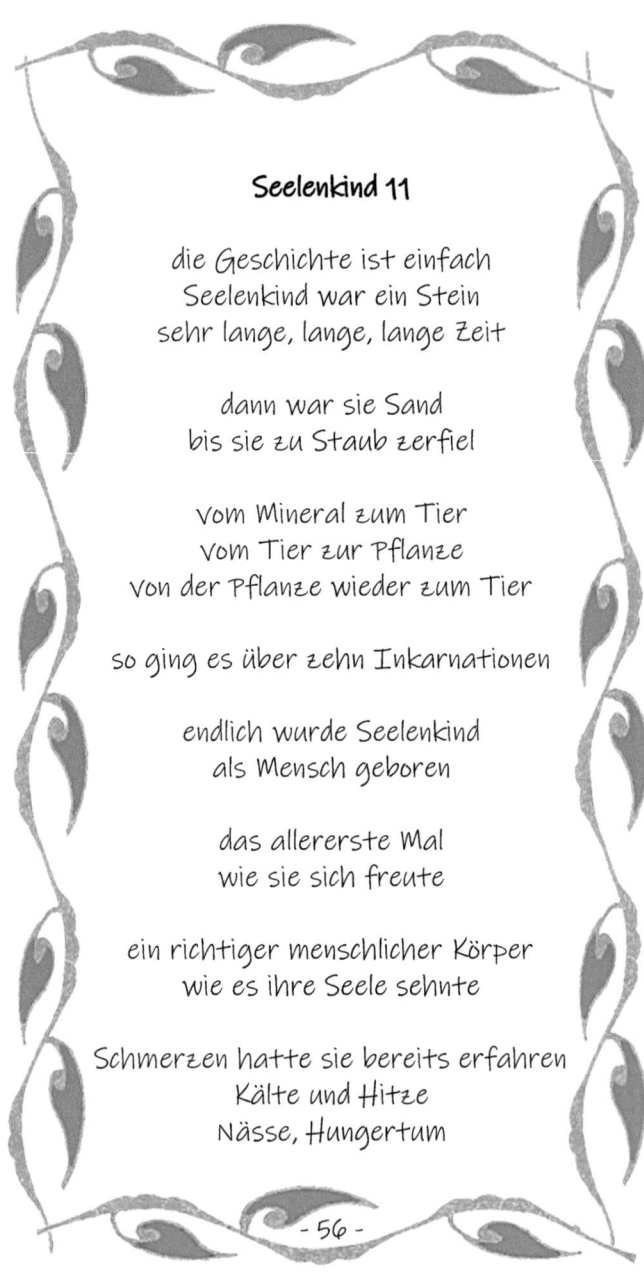

Seelenkind 11

die Geschichte ist einfach
Seelenkind war ein Stein
sehr lange, lange, lange Zeit

dann war sie Sand
bis sie zu Staub zerfiel

vom Mineral zum Tier
vom Tier zur Pflanze
Von der Pflanze wieder zum Tier

so ging es über zehn Inkarnationen

endlich wurde Seelenkind
als Mensch geboren

das allererste Mal
wie sie sich freute

ein richtiger menschlicher Körper
wie es ihre Seele sehnte

Schmerzen hatte sie bereits erfahren
Kälte und Hitze
Nässe, Hungertum

in diesem Dasein lernte sie Scham
und Angst, aber die nur nebenbei
und Einsamkeit

Seelenkind erfuhr es
nackt zu sein
während die Herrschaften
Kleidung trugen

Seelenkind lernte Prügel zu ertragen
wenn die Herrschaften
Spaß daran hatten

Seelenkind schlief in dunklen Räumen
mit den Ratten im Stroh
in ihrer Nacktheit

In den anderen Zellen
harrten die Männer aus
die zu keiner Arbeit taugten

die Herrschaften hielten sie
in den Zellen
nur so zum Spaß

Seelenkind wurde erlöst
als sie elf Jahre alt war

Fern ab der Zeit

ich dachte immer
meine Seele lebt
das erste Mal
das zweite Mal
das dritte Mal ...

so ist es auch

nur, leider

die Reihenfolge meiner Leben
ist ziemlich durcheinander

das ist für mich verwirrend

habe ich doch gelernt

mit der Zeit zu gehen

in einem Universum

in dem die Zeit die Regel ist

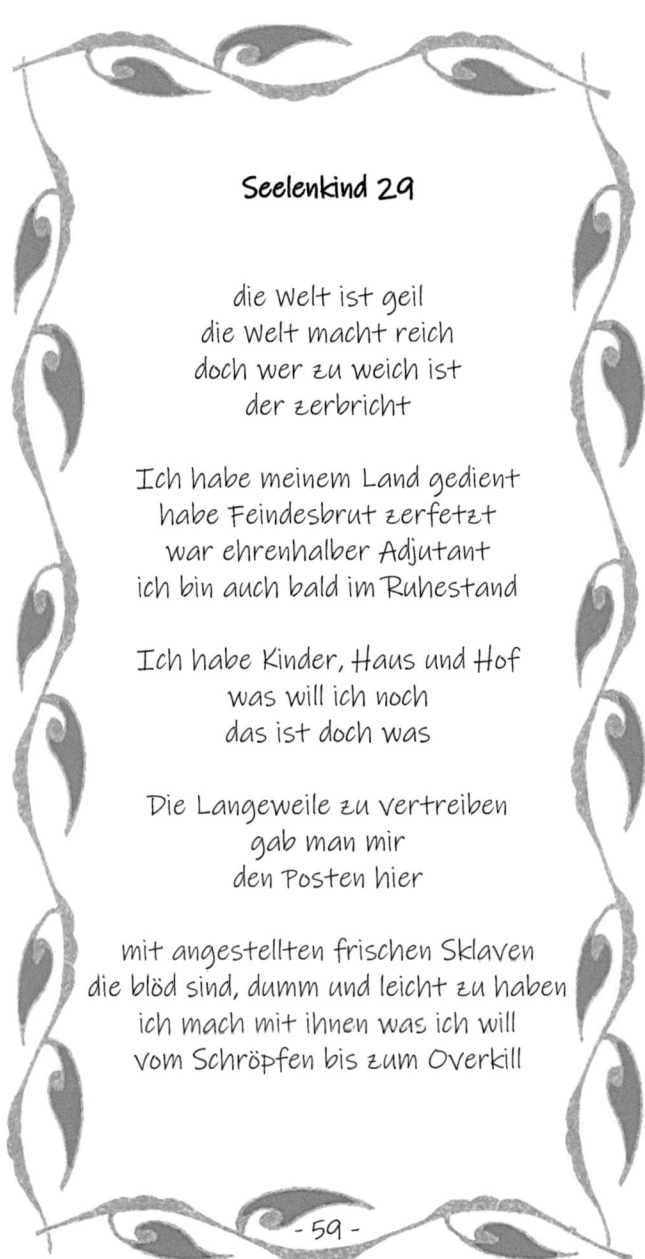

Seelenkind 29

die welt ist geil
die welt macht reich
doch wer zu weich ist
der zerbricht

Ich habe meinem Land gedient
habe Feindesbrut zerfetzt
war ehrenhalber Adjutant
ich bin auch bald im Ruhestand

Ich habe Kinder, Haus und Hof
was will ich noch
das ist doch was

Die Langeweile zu vertreiben
gab man mir
den Posten hier

mit angestellten frischen Sklaven
die blöd sind, dumm und leicht zu haben
ich mach mit ihnen was ich will
vom Schröpfen bis zum Overkill

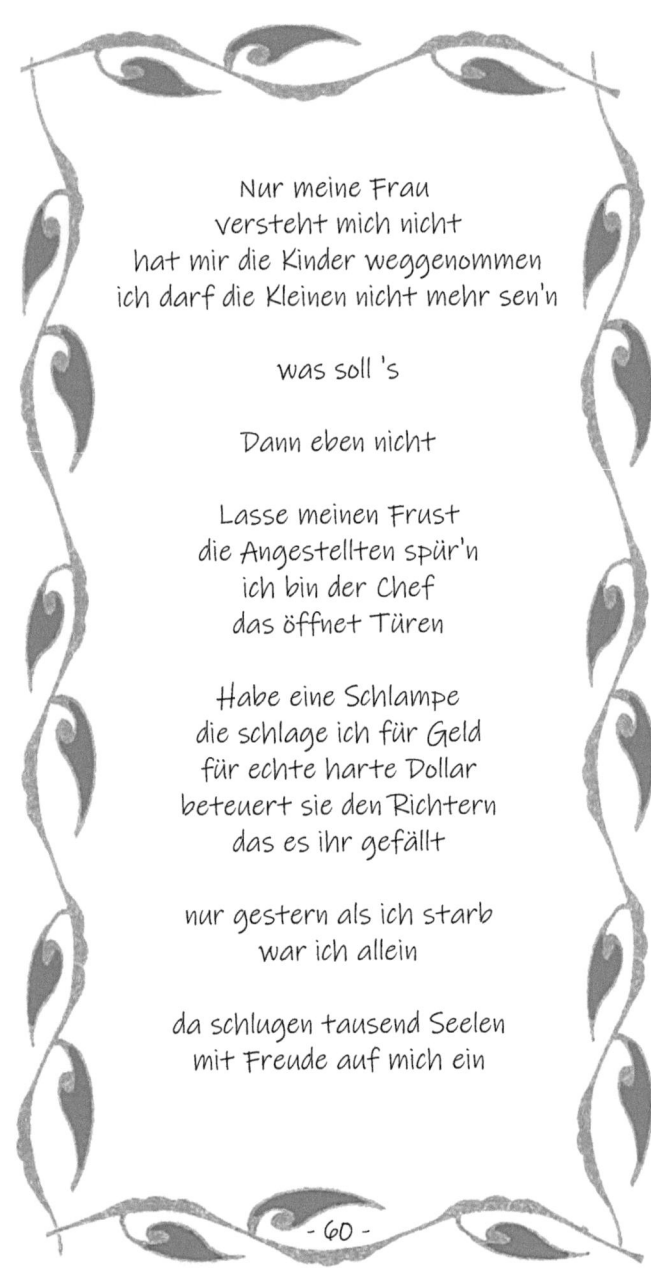

Nur meine Frau
versteht mich nicht
hat mir die Kinder weggenommen
ich darf die Kleinen nicht mehr sen'n

was soll 's

Dann eben nicht

Lasse meinen Frust
die Angestellten spür'n
ich bin der Chef
das öffnet Türen

Habe eine Schlampe
die schlage ich für Geld
für echte harte Dollar
beteuert sie den Richtern
das es ihr gefällt

nur gestern als ich starb
war ich allein

da schlugen tausend Seelen
mit Freude auf mich ein

Träumerei

ich hatte geträumt
da draußen
ein wundervolles, warmes Licht

ich hatte geträumt
das Licht
es sei ein Teil von mir
ich sei ein Teil von ihm

es fühlte sich so wundervoll
so richtig an

und es war wundervoll und richtig

ich hatte Dich geträumt
mit mir im Licht
eng umschlungen
Liebe, Glück, Vertrauen

es fühlte sich so wundervoll
so richtig an

und es war wundervoll und richtig

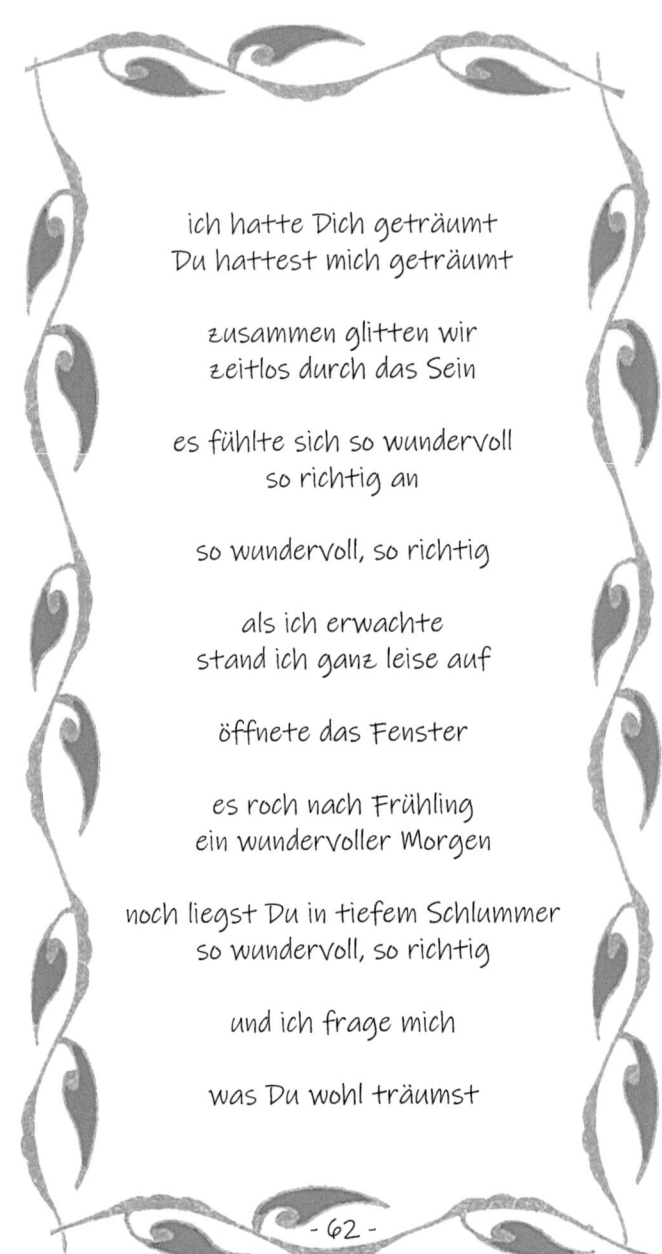

ich hatte Dich geträumt
Du hattest mich geträumt

zusammen glitten wir
zeitlos durch das Sein

es fühlte sich so wundervoll
so richtig an

so wundervoll, so richtig

als ich erwachte
stand ich ganz leise auf

öffnete das Fenster

es roch nach Frühling
ein wundervoller Morgen

noch liegst Du in tiefem Schlummer
so wundervoll, so richtig

und ich frage mich

was Du wohl träumst

Liebe Nachbarn

Auch zu Euch

öffne ich das Fenster

liebe Nachbarn

jeden Morgen

und ich freue mich von Herzen

dass es Euch gibt

dass Ihr in meiner Nähe seid

jeden Morgen

freue ich mich

aufs Neue

auf Euch

Danke!

Seelenkind 92

einmal lebte ich in einem Dorf
sehr nah am Regenbogen
mit Eltern, Geschwistern in einem Haus
mir waren die Feen gewogen

sie lehrten mich Dinge von dieser Welt
vom Wachsen der Pflanzen und Bäume
wie sanft der Schnee auf die Erde fällt
vom Wassertropfen, berührt und beseelt
entführten mich in ihre Träume

die Feen, sie brachten mich zu den Elfen
die Kräutern und Blumen
und Bäumen helfen.

so sah ich, noch jung, in ferne Welten
sah Körbe gefüllt mit Liebe und Glück
sah Rosen, die einen Garten wählten
Blüten, die zu den schönsten zählten
ich denke sehr gerne daran zurück

Von Elfen und Nymphen lernte ich fliegen
oder auch nur auf der Wiese liegen
mich leicht im Wind zu wiegen

die Quellen zu hegen, zu lieben, zu pflegen
in Wäldern, Hecken und Hainen zu säen
der Aura der Buche zu begegnen
den Eschenring mit Freude zu segnen

ich sah eine Welt im Licht erscheinen
den Eichelhäher traf ich bei seinen
ersten Flugversuchen

es war an der Zeit weiterzuziehen
sie führten mich zu der Seherin
ich hatte sie lieb gewonnen sah ihnen
von Ferne nach

die Seherin lehrte mich
andere Welten
andere Felder zu finden
wir reisten gemeinsam durch
Räume und Zeiten
ich lernte mich selbst
zu begleiten
und lernte auch Dinge
vom inneren Kind
und Wege im innen
und Wege im außen
alleine zu beschreiten

sie reichte mich weiter
an meine Ahnen
aus so vielen Leben
das ahnte ich nicht

alle, die ich dort traf
die gekommen waren

Stein, Sand, Tier, Pflanzen
und so viele Wesen
die bei mir waren
in all diesen Leben

als Mamas, als Papas
als Herrschaften,
Ratten

mein Herz sprang vor Freude
meine Seele
die schöne
war niemals allein

wir alle
werden auf ewig
beisammen Sein

Gute Reise

gestern im Radio
berichteten sie vom Tod
einer Sängerin
deren Musik
viele von uns tief berührt

wir alle waren entsetzt
waren traurig
es war unbegreiflich
es hat mich wie Dich tief bewegt

doch heute
da ich über Karma schreibe
da ich die Seelenleben nummeriere

denke ich

vielleicht hast Du ja eine Verabredung
für ein neues Leben
für eine tolle, neue Zeit

ich wünsche Dir
von Herzen
eine gute Reise!

Tiefe Liebe

Einst sah ich Dich
träumte Dich bei mir
ein ganzes, langes Leben
ich fühlte, roch, verführte Dich
mein Geist begann zu beben

ich rief nach Dir im Traum und wach
ich spürte Dir in Sehnsucht nach
ich durfte Dich erleben
mich an Dir erregen

die Sinne schwanden all zu oft
nicht selten wurde ich gewahr
wie Du mich lächelnd – unverhofft
ein – zwei – drei Leben – immer dar
in Deine Aura, Deinen Klang
hinein gesogen – tiefer Bann

Dein Wesen, das mir nie zu nah
und doch mir selbst am nächsten war

so sehn ich Dich, so soll es werden
noch zwei – drei Mal
mit Dir auf Erden

Wiegenlied der Sehnsucht

Sehnsucht fügt den Weltenklang
Zu verreisen irgendwann

Heiße Sonnen sanftes Licht
fremde Ufer
kennst sie nicht

Es drängt Dich weiter
grüne Auen
Willst in das Herz der Erde schauen

Hohe Sterne willst Du fassen
Doch sie werden Dich nicht lassen

Bebend schweben die Gedanken
Hoffnungsreiche Blüten ranken
Führen Dich ins endlos Weite

Atemlose Lust Dich leite

Heute – das ist endlich klar
Nimmst Du diese Sehnsucht wahr!

Das unbeholfne Land

ich wuchs auf in einem Land
da stahlen sie den Armen
das Brot vom Teller
da nannten sie den Lehnsknecht Bürger
erhoben Steuern auf Liebe und Güte
sie suggerierten Zukunftsangst
rühmten Barbarei als Barmherzigkeit

sie beschimpften
Arbeitslose und Kranke
als Schmarotzer

in jenem unsern Land
schlossen sie
Versicherungen in Gesetze ein
die Ängstlichen zu verängstigen

doch was am schlimmsten war

ich wuchs auf in jenem Land
in dem die Poeten schwiegen
und die Denker
und die Philosophen

mein armes krankes Land

Das kreative Universum

nicht jedes Universum ist kreativ
doch wir können sie alle besuchen

nicht jedes Universum ist materiell
doch wir können sie alle besuchen

nicht jedes Universum
nutzt den Klang der Sprache
doch wir können sie alle besuchen

nicht jedes Universum kennt das Licht
doch wir können sie alle besuchen

nicht jedes Universum kennt Wärme
doch wir können sie alle besuchen

nicht jedes Universum ist so kreativ
wie dieses

die meisten Universen
kennen unser Universum nicht

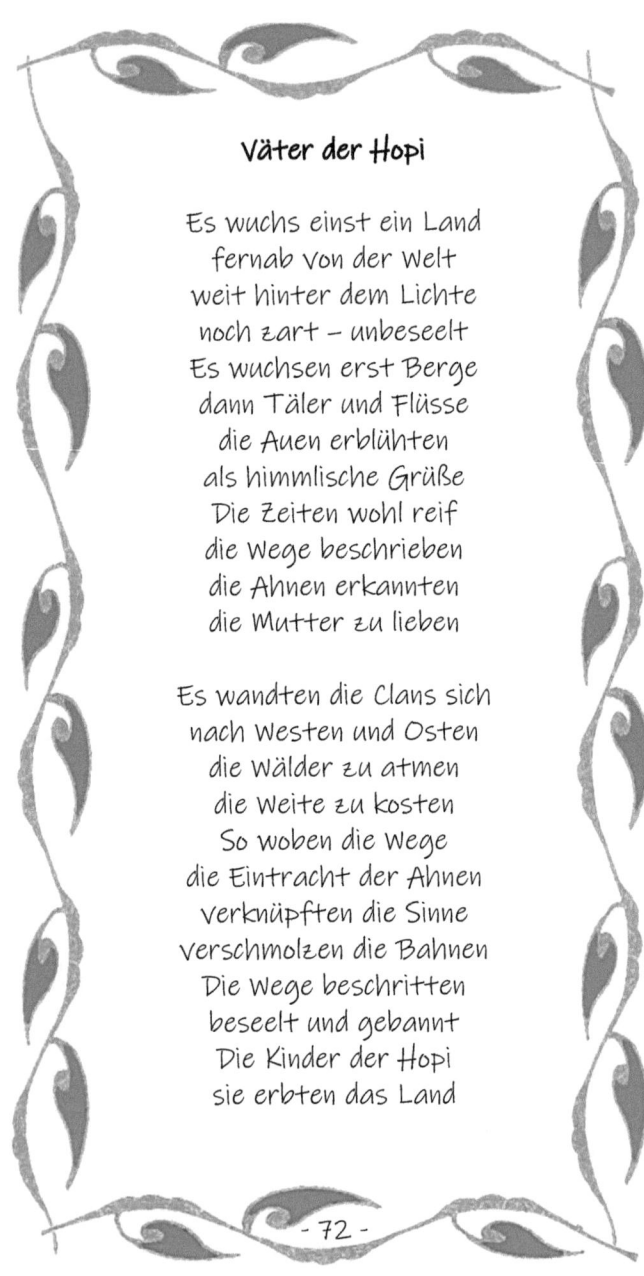

Väter der Hopi

Es wuchs einst ein Land
fernab von der Welt
weit hinter dem Lichte
noch zart – unbeseelt
Es wuchsen erst Berge
dann Täler und Flüsse
die Auen erblühten
als himmlische Grüße
Die Zeiten wohl reif
die Wege beschrieben
die Ahnen erkannten
die Mutter zu lieben

Es wandten die Clans sich
nach Westen und Osten
die Wälder zu atmen
die Weite zu kosten
So woben die Wege
die Eintracht der Ahnen
verknüpften die Sinne
verschmolzen die Bahnen
Die Wege beschritten
beseelt und gebannt
Die Kinder der Hopi
sie erbten das Land

Licht

kennst Du dieses Flimmern

schwach, nur schwach

vollkommen unscheinbar

schwirrt es umher

Sieh

diese Lichtpunkte

manche dunkel

viele heller als das Licht

wie Nebelkinder

flinke Sterne im Nichts

Geburtshilfe

in dem Moment

in dem das Universum dachte

es sei ein Kaninchen

ja

in diesem Moment

lächelte es

und gebar

eine Vielzahl

an Universen

im ersten Multiversum

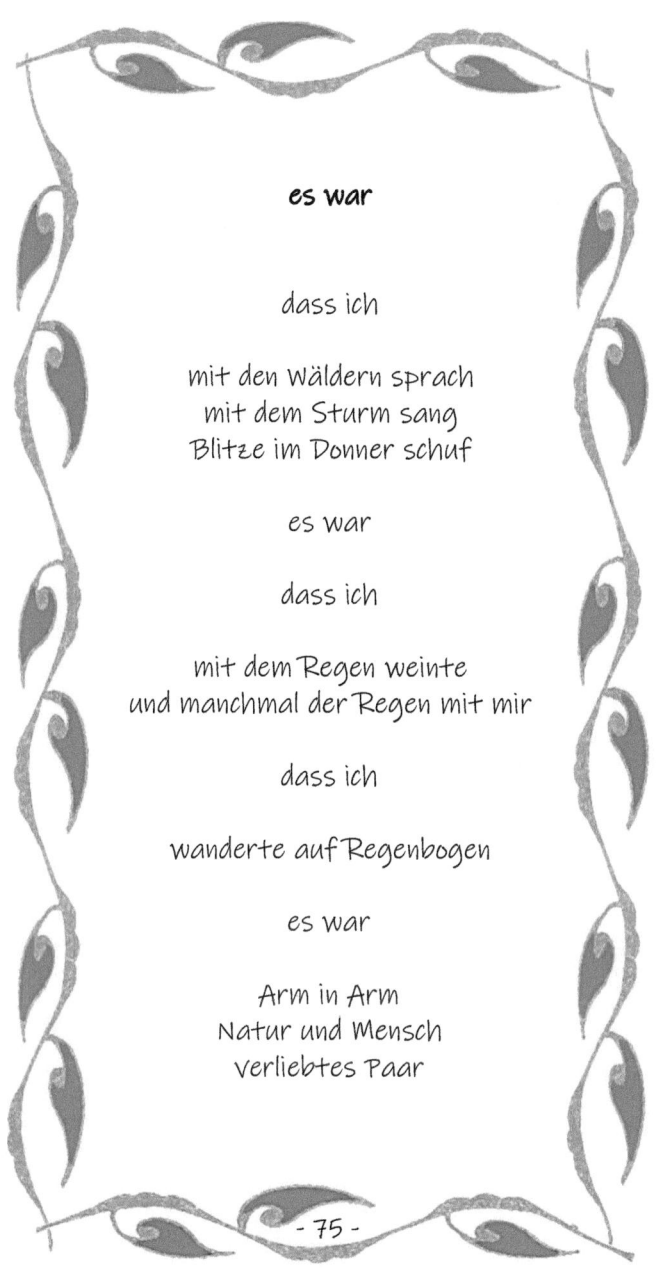

es war

dass ich

mit den Wäldern sprach
mit dem Sturm sang
Blitze im Donner schuf

es war

dass ich

mit dem Regen weinte
und manchmal der Regen mit mir

dass ich

wanderte auf Regenbogen

es war

Arm in Arm
Natur und Mensch
verliebtes Paar

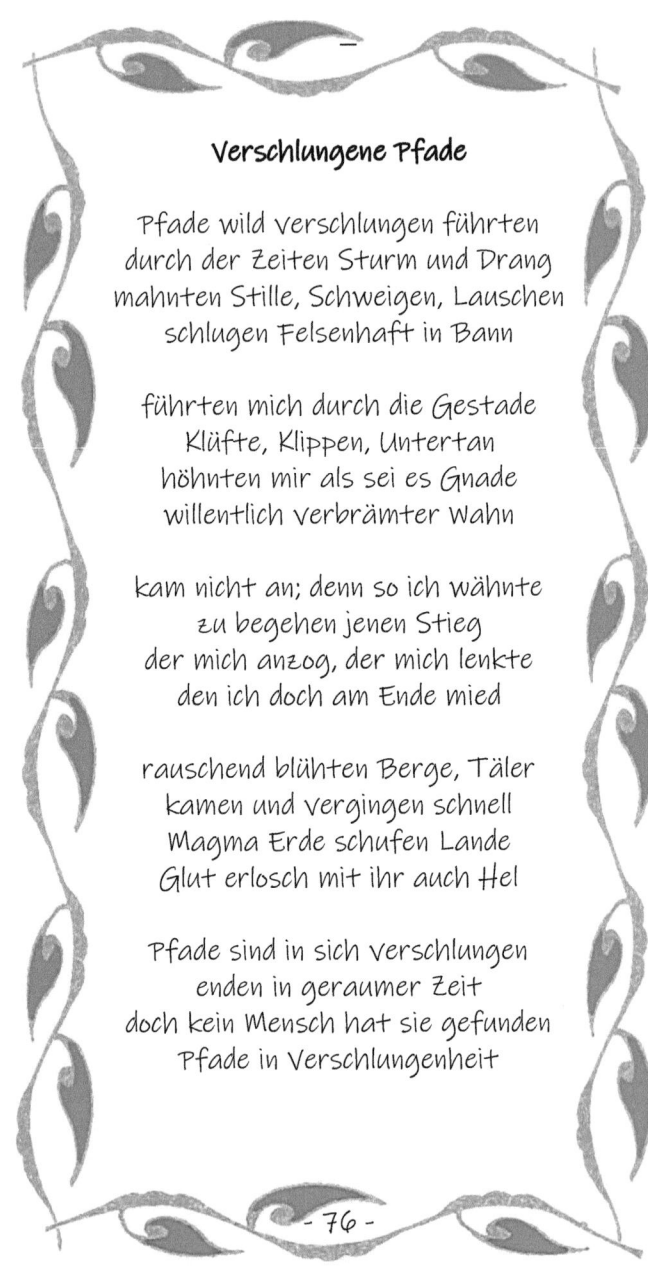

Verschlungene Pfade

Pfade wild verschlungen führten
durch der Zeiten Sturm und Drang
mahnten Stille, Schweigen, Lauschen
schlugen Felsenhaft in Bann

führten mich durch die Gestade
Klüfte, Klippen, Untertan
höhnten mir als sei es Gnade
willentlich verbrämter Wahn

kam nicht an; denn so ich wähnte
zu begehen jenen Stieg
der mich anzog, der mich lenkte
den ich doch am Ende mied

rauschend blühten Berge, Täler
kamen und vergingen schnell
Magma Erde schufen Lande
Glut erlosch mit ihr auch Hel

Pfade sind in sich verschlungen
enden in geraumer Zeit
doch kein Mensch hat sie gefunden
Pfade in Verschlungenheit

Grüße an das Universum

sie glitt entlang an einem Himmel
in ein ganz brauchbares Jahrhundert
wogte Wolkengleich hinab,
wenige Meter unter dem Horizont
in die eine oder andere Hemisphäre

anfangs hielten wir sie für Kumulus
oder eine andere von diesen
unaussprechlich sprechenden Formationen
deren weise Bezeichnung
von klugen Meteorologen stammt
doch das war ein Trug ohne Gleichen

nicht nur, dass Kumulus weiblich,
nahezu üppig - sich uns anerbahnte
sie war angefüllt mit den Gedanken
einer vom Denken überschwemmten Welt

sie waberte wimmernd einen Himmel entlang
der nicht innehielt Himmel zu sein
niemals indes sehnte er dies

doch sie schnie
Gedanken der Liebe
Gedanken der Träumerei
Gedanken tiefer Versenkung

Worte

Worte scharf wie Nadelstiche
Worte watteweich verstört
Worte wahnhaft wütend tobend
haben manchen Geist verführt

Worte mit Bedacht geschrieben
stiften Frieden auf der Welt
Worte weisen weise Wege
Worte wiegen mehr als Geld

Worte prägen Religionen
Worte liegen auf der Hand
Worte sind wie Regenbogen
sanft und bunt und oft verkannt

Worte trügen, flüstern Chöre
wem die Macht zu Kopfe steigt
Worte der Verachtung nähren
Gier, die sich dem Abgrund neigt

Worte sind des Dichters Muse
treiben ihn zu Fantasien
streifen sinnlich das Abstruse
quälen und vergeben ihm

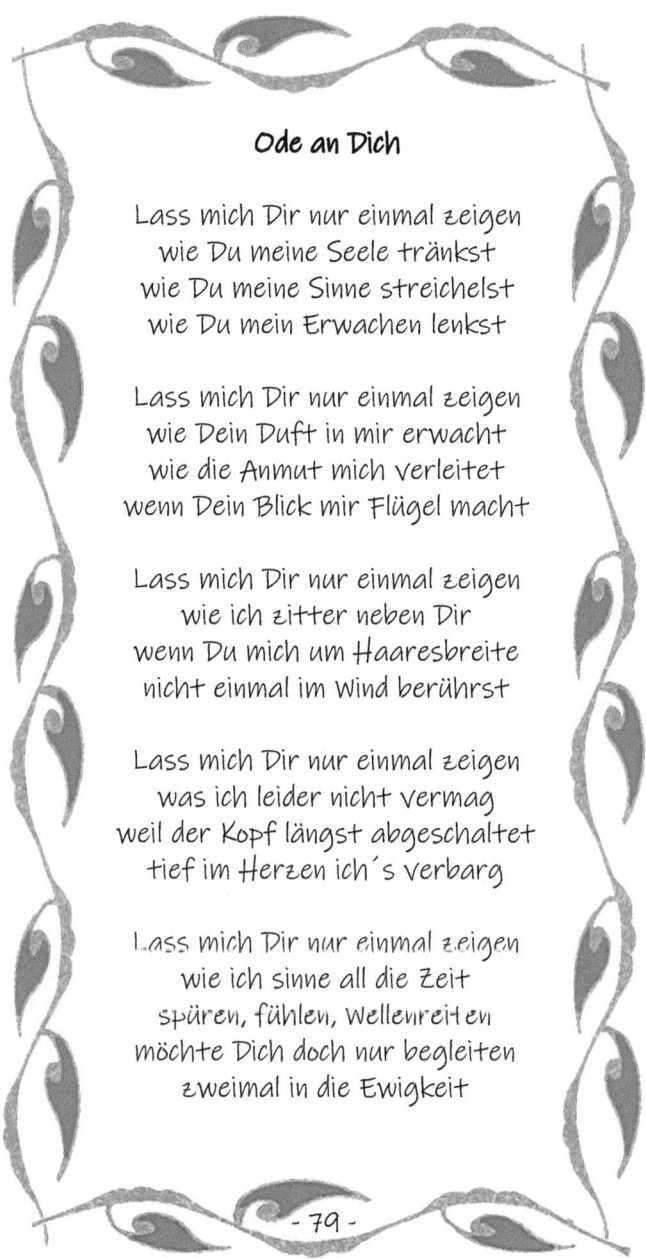

Ode an Dich

Lass mich Dir nur einmal zeigen
wie Du meine Seele tränkst
wie Du meine Sinne streichelst
wie Du mein Erwachen lenkst

Lass mich Dir nur einmal zeigen
wie Dein Duft in mir erwacht
wie die Anmut mich verleitet
wenn Dein Blick mir Flügel macht

Lass mich Dir nur einmal zeigen
wie ich zitter neben Dir
wenn Du mich um Haaresbreite
nicht einmal im Wind berührst

Lass mich Dir nur einmal zeigen
was ich leider nicht vermag
weil der Kopf längst abgeschaltet
tief im Herzen ich's verbarg

Lass mich Dir nur einmal zeigen
wie ich sinne all die Zeit
spüren, fühlen, Wellenreiten
möchte Dich doch nur begleiten
zweimal in die Ewigkeit

Winterblume

Dich gesehen im schwarzen Gewande
ist Dir genommen
Traurigkeit
ein Leben gemeinsam, jetzt leise allein
kühl nährt der Frost nur das Leid

In Deinem Herzen spürte ich Weh
hatte nicht Worte des Trostes
fliehendes Schweigen
flehende Augen
schluchzend sehnst Du Dir Gott

Sah eure Liebe am Leben bleiben
Blumen im Winter sah ich erblühn
sah eure Zeiten Erinnerung werden
Sehe Dich zitternd am Feuer sitzen
der Flamme Glut
niemals erlosch

Weine mit Dir, nehme Dich in die Arme
warm wiegt die Trauer
der bebende Schmerz
Blume des Winters
ein Hauch lässt Dich lächeln
ist noch bei Dir
in Dir
Dein Herz

Engel

Die Blicke auf die Welt gerichtet
gleitest Du im Seelental
kennst Gefühle und Gesichte
sehnst Dich nicht
ahnst nicht die Qual

gleitest Du der Menschen wegen
Wissen ist All-Eins bekannt
was auch immer sich begeben
ganz egal in welchem Land

Seelen fängst Du auf im Fallen
hältst sie zärtlich – Mitgefühl
Liebe schürst Du unter allen
niemals zweifelnd, niemals kühl

Tränen, Trauer, tröste Lieber
hilf, dass ich mich wiederfind
Engel, seh ich Dich im Fieber

gleitet meine Seel im Wind

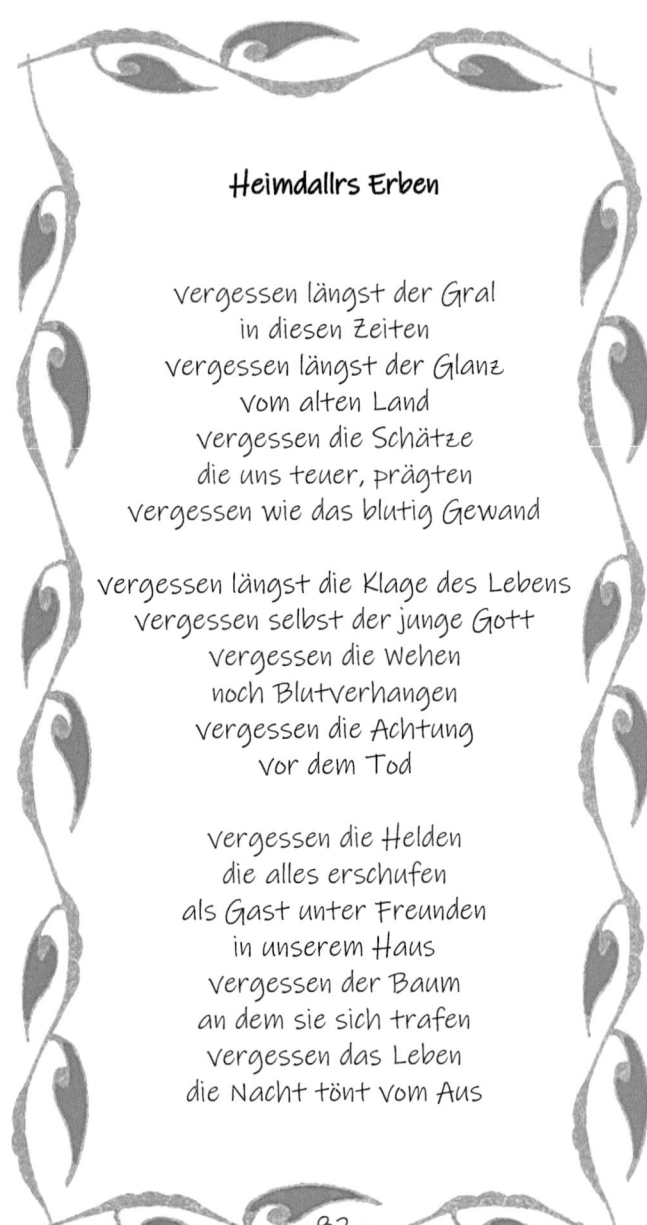

Heimdallrs Erben

vergessen längst der Gral
in diesen Zeiten
vergessen längst der Glanz
vom alten Land
vergessen die Schätze
die uns teuer, prägten
vergessen wie das blutig Gewand

vergessen längst die Klage des Lebens
vergessen selbst der junge Gott
vergessen die Wehen
noch Blutverhangen
vergessen die Achtung
vor dem Tod

vergessen die Helden
die alles erschufen
als Gast unter Freunden
in unserem Haus
vergessen der Baum
an dem sie sich trafen
vergessen das Leben
die Nacht tönt vom Aus

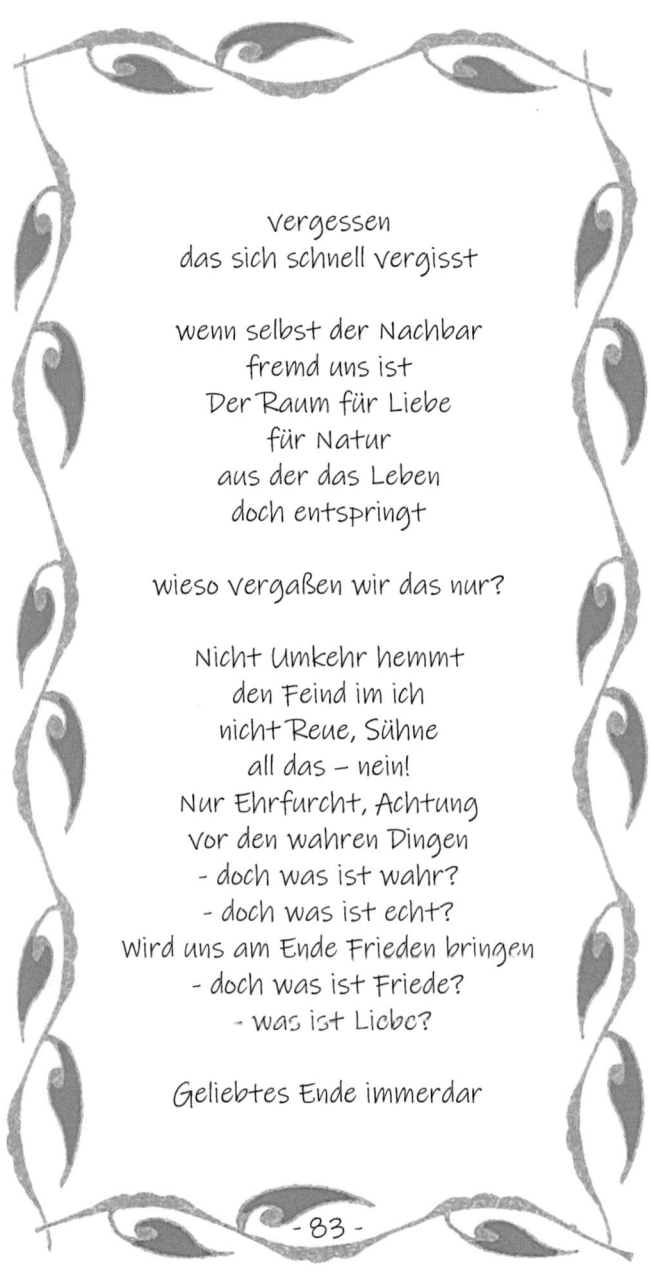

vergessen
das sich schnell vergisst

wenn selbst der Nachbar
fremd uns ist
Der Raum für Liebe
für Natur
aus der das Leben
doch entspringt

wieso vergaßen wir das nur?

Nicht Umkehr hemmt
den Feind im ich
nicht Reue, Sühne
all das – nein!
Nur Ehrfurcht, Achtung
vor den wahren Dingen
- doch was ist wahr?
- doch was ist echt?
Wird uns am Ende Frieden bringen
- doch was ist Friede?
- was ist Liebe?

Geliebtes Ende immerdar

Der Klang der Harfe

Dem Klang der Harfe
lauschte der Wind
lauschte berauscht
in den Saiten verfing
sich sein Lied,
das er schrieb vor der Ewigkeit

als der Himmel noch rein,
das Denken noch zart
das Wissen noch Eins
kein Wesen allein

sachte, so zart,
nur im Rausch wohl erahnt
war dem Klang das Licht verwandt
von den Sternen her

es brachte den Geist
und leider die Zeit
es füllte dem Rausche die Stille ein
dem Stürmen den Schlaf
dem Wesen die Ruh

dann – rastlos und ruhlos dahingefegt
hat das Wesen die Ruhe
nur selten erlebt
es war wie der Wind
und das fühlte er nun
ein ewiges Schaffen ein stetiges Tun

ein Jagen dem Jäger
nicht Hegen, nicht Pflege
ein Plagen dem Geiste
auf unsteten Wegen
es ward als der Wind in die Saiten ging
Erinnerung wach an das innere Kind

die Seele des Eigen
so nah und entschwunden
die Trennung vom Geiste
niemals verwunden

der Klang nur die Harfe
ließ flüsternd erzittern
in Unwetters Schoß
eine Sehnsucht wittern
im blendenden Blitz
das Lebenshaus beben
im Maße von Zeit
eine Schöpfung erleben

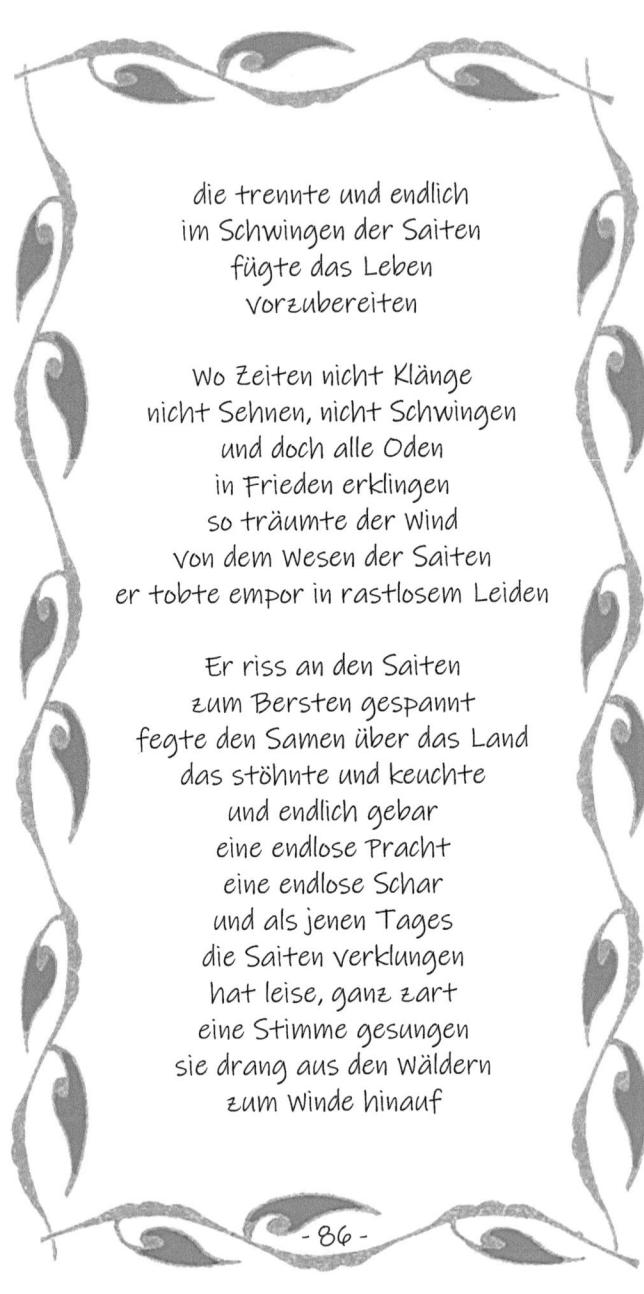

die trennte und endlich
im Schwingen der Saiten
fügte das Leben
vorzubereiten

Wo Zeiten nicht Klänge
nicht Sehnen, nicht Schwingen
und doch alle Oden
in Frieden erklingen
so träumte der Wind
Von dem Wesen der Saiten
er tobte empor in rastlosem Leiden

Er riss an den Saiten
zum Bersten gespannt
fegte den Samen über das Land
das stöhnte und keuchte
und endlich gebar
eine endlose Pracht
eine endlose Schar
und als jenen Tages
die Saiten verklungen
hat leise, ganz zart
eine Stimme gesungen
sie drang aus den Wäldern
zum Winde hinauf

zu lauschen dem Rauschen
strich zart es die Saiten
ließ Weltenkelchglocken
zur Stimme erklingen

ließ Farben erstrahlen
ließ Waldwipfel singen
dem Klange der Harfe
den Boden bereiten

So sehr im Winde
die Saiten nun schwingen

wird jenes Lied
niemals wieder verklingen

Mirhanĕa

die Nebel steigen auf
im Tal, am Fluss, am Weiher
noch vor dem ersten Hell des Morgens
dämmert friedlich eine Welt
erzittert gar vor Freude – Sehnsucht

Liebe gleitet in den Nebeln
in das Tal, den Fluss, den Weiher
streift die Weiden, streichelt Wiesen
schreckt das Reh
spürt den Tag erstarken
schnuppert Frühsinn, Frische, Freude
reckt die Nüstern
Neugier lockt - empor

dem weichen Puls des Morgens folgend
gleiten Nebel, Fluss und Reh
in jenen neuen Tag bald hinein

Ahnend eines Lichtes
wandelt sich das Firmament
aus dem Meer von Schwarz und Sternen

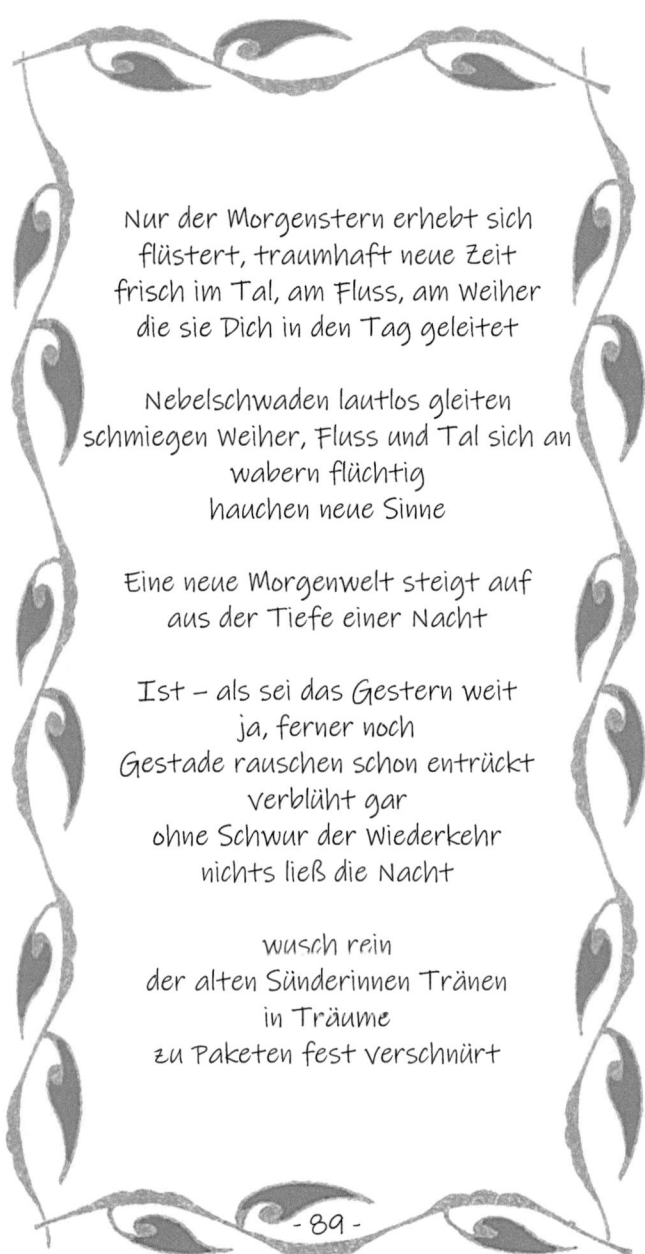

Nur der Morgenstern erhebt sich
flüstert, traumhaft neue Zeit
frisch im Tal, am Fluss, am Weiher
die sie Dich in den Tag geleitet

Nebelschwaden lautlos gleiten
schmiegen Weiher, Fluss und Tal sich an
wabern flüchtig
hauchen neue Sinne

Eine neue Morgenwelt steigt auf
aus der Tiefe einer Nacht

Ist – als sei das Gestern weit
ja, ferner noch
Gestade rauschen schon entrückt
verblüht gar
ohne Schwur der Wiederkehr
nichts ließ die Nacht

wusch rein
der alten Sünderinnen Tränen
in Träume
zu Paketen fest verschnürt

es scheint
oh ja es naht unweigerlich
ein neuer Tag

In diesem Lande
an dem Fluss, in diesen Tälern
verwischen Nebel
letzte Schleier jene Nacht

führt neue Samen schon der Wind
treibt bunte Blüten
haucht Odem ein der Ruhenden
die zaudernd nur erwacht

Sieh her
mir war als lächelt Mirhanëa
tief ihrer Seele
schwebt mir frischer Geist entgegen

doch nur die Nebel gleiten wissend
über Seele, Tal und Weiher
künden freudig Dein Ersinnen
holde Amme
die Du prägst das neue Sein

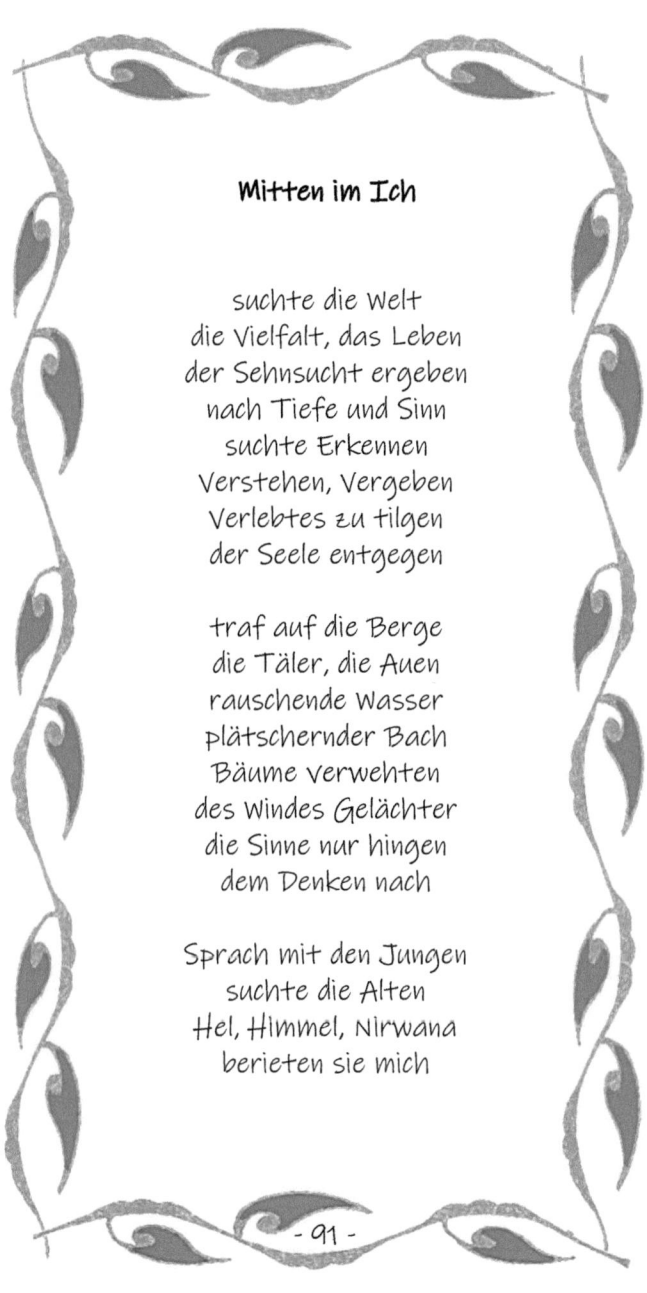

Mitten im Ich

suchte die Welt
die Vielfalt, das Leben
der Sehnsucht ergeben
nach Tiefe und Sinn
suchte Erkennen
Verstehen, Vergeben
Verlebtes zu tilgen
der Seele entgegen

traf auf die Berge
die Täler, die Auen
rauschende Wasser
plätschernder Bach
Bäume verwehten
des Windes Gelächter
die Sinne nur hingen
dem Denken nach

Sprach mit den Jungen
suchte die Alten
Hel, Himmel, Nirwana
berieten sie mich

Trüb ihre Augen
von Sehnsuchtsfalten

nein
jene Augen
sie lebten nicht

Nach all diesen Reisen
der Unzahl Gedanken
all diesem schäumenden Wortemeer

Gerieten mir
Sehnsucht und Sinnen
ins Wanken
treibend im Sein
Freudenvoll leer

Seelenkind 110

Vita

Franky (Frank Körber), * 1959 in Göttingen,
Musiker, Autor, Dichter

Literatur

Seit ca. 1980 * Grabesdunkel (Gedichte) *
Luis oder die Geschichte vom Traumland
(Erzählung) * Esoterica (Gedichte) *
Nornenfieber (mythologische Erzählung) *
Elfenheim (Erzählung) * Mythenring
(Gedichte und Gedanken) * Die Harmonie
des Lebens * Die Schwingen des Lichtes
(mythologischer Roman), aktive Mitarbeit
Redaktion Publiker, Göttingen 2002 – 2005

Musik

Sänger, Bassist, Songwriter seit ca. 1978,
u.a. Mama Steinigs Eisenbrecher (3 CD-
Alben), Zorn-Chor (2 CD-Alben), Sendung
im Stadtradio Göttingen von 2000 – 2002,
aktuell Skaldea (Hardrock)

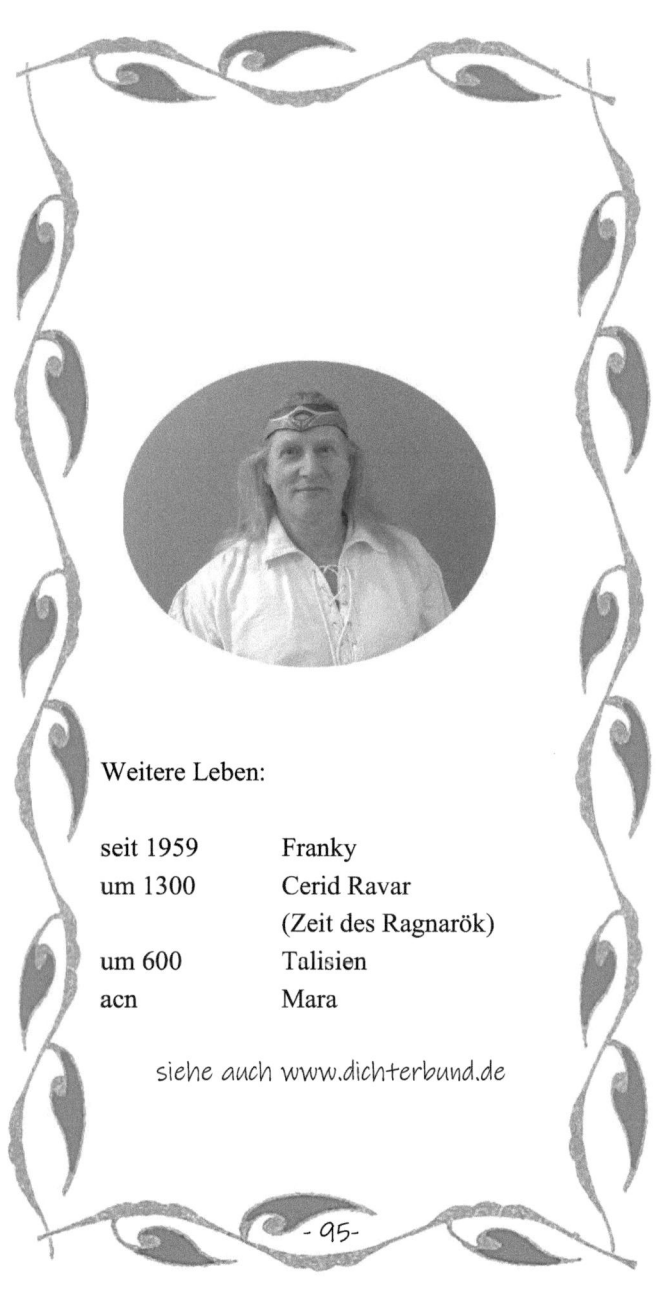

Weitere Leben:

seit 1959	Franky
um 1300	Cerid Ravar
	(Zeit des Ragnarök)
um 600	Talisien
acn	Mara

siehe auch www.dichterbund.de